妈妈私语

MAMASIYU

张淑玲 ◎ 著

光明日报出版社

图书在版编目（CIP）数据

妈妈私语 / 张淑玲著 . -- 北京 : 光明日报出版社，
2016.11

ISBN 978-7-5194-2311-7

Ⅰ．①妈… Ⅱ．①张… Ⅲ．①家庭教育 Ⅳ．① G78

中国版本图书馆 CIP 数据核字（2016）第 253231 号

妈妈私语

著　　者：张淑玲

责任编辑：谢　香 李　倩　　　　　　责任校对：傅泉泽
封面设计：潇湘文化　　　　　　　　　责任印制：曹　净

出版发行：光明日报出版社
地　　址：北京市东城区珠市口东大街 5 号，100062
电　　话：010-67078248（咨询），67078870（发行），67019571（邮购）
传　　真：010-67078227，67078255
网　　址：http://book.gmw.cn
E-mail：gmcbs@gmw.cn
法律顾问：北京德恒律师事务所龚柳方律师

印　　刷：广州市尚铭印刷有限公司
装　　订：东莞市比比印刷有限公司
本书如有破损、缺页、装订错误，请与本社联系调换

开　　本：787×1092　1/16
字　　数：110 千字　　　　　　　　　印　张：13.75
版　　次：2016 年 11 月第 1 版　　　　印　次：2016 年 11 月第 1 次印刷
书　　号：ISBN 978-7-5194-2311-7
定　　价：36.00 元

写给儿子的话：

当我提笔之际，千言万语在内心涌动，不知道该给我亲爱的儿子说些什么，往事如潮水般扑面而来——儿子成长的点点滴滴，以及他成长中的风风雨雨，犹如电影蒙太奇般浮现在眼前，让我的思绪不知该定格在哪一个时间点上……

渐渐的我平静下来，从心底里浮现出一句话——儿子，妈妈此时此刻，最想对你说的话就是，谢谢你，我亲爱的儿子！妈妈这一生最大的成功就是有你。

回想起过去的年月，你曾经用你瘦小的双臂，使出生命之全力，力挽狂澜，紧紧地拥抱着我们，保住了我们这个正处于风雨飘摇的家。

我惊讶地发现，你内心的智慧和力量简直超乎我的想象，小小年纪的你，怎么就那么清楚地看到了生活是可以拥有多种可能性，你又是怎么看清楚婚姻家庭的本质和真相的呢？坚定不移地将亲情推向了最高境界。

事过多年之后，事实证明，你的坚守和做出的所有努力是多么的正确，使我越来越清晰地觉得，你才是我们这个家庭这艘船的船长，是真正的掌舵人，是你以小小的年纪，大大的智慧，睿智的爱，使我们的家没有迷失方向，没有沉沦，而是准确地将我们家庭的这艘船，引向了我们理想中的安全港湾，同时也使一个母亲、一个女人，避开了曾经的不理智带来的影响，赢得了后来一生的安稳和幸福。

所以，我亲爱的儿子，你应该知道，妈妈对你的感激该有多么深刻。

仿佛转眼间，我的儿子就长大成人、成家立业了。可是留在一个母亲记忆中的孩子，犹如昨天——孩子出生时的第一声啼哭，在母亲的心里简直就是惊天动地的震响，因为她听到了来自自己生命中的呼喊，仿佛就在那一瞬间，她感到了生命的神圣。

你孩提时牙牙学语的稚嫩、湿漉漉的小手，小脸上的泪水和鼻涕，仿佛就在妈妈转瞬的鼻息之间。你成长中的无数个"第一次"，仍然是那么清晰而崭新地刻印在妈妈的心里。可是眼前这个高大、坚强的身影，真真实实地告诉我——你的孩子已经长大了！

当你脱开父母的双手，独自面对人生的时候，你是那么的努力勇敢和奋发向上，你前行中的每一个脚步，都充满了艰辛和曲折，可是你仍然走得那么坚实稳健。你所取得的一切成就，都体现着是你的智慧和力量，也无疑是对你的母亲最好的报答。你让你的母亲感到无与伦比的幸福和安慰。

我仍然骄傲而由衷地说：儿子，你是我一生中最伟大的作品。

我知道你经历过磨炼的肩膀，足可以担当起自己人生的全部，不再需要母亲拉着你的小手前行了。可是我仍然想对你说：我亲爱的儿子，此时此刻，我多么想将人世间所有的美好祝福给你。

希望你千万不要忘了，不管你走到哪里，妈妈的目光都永远在跟随着你，不管你人生中有多少得与失，要面临多少风风雨雨，你都要记住，妈妈在家等你。

目录 CONTENTS

成长记忆

妈妈私语

爱的教育

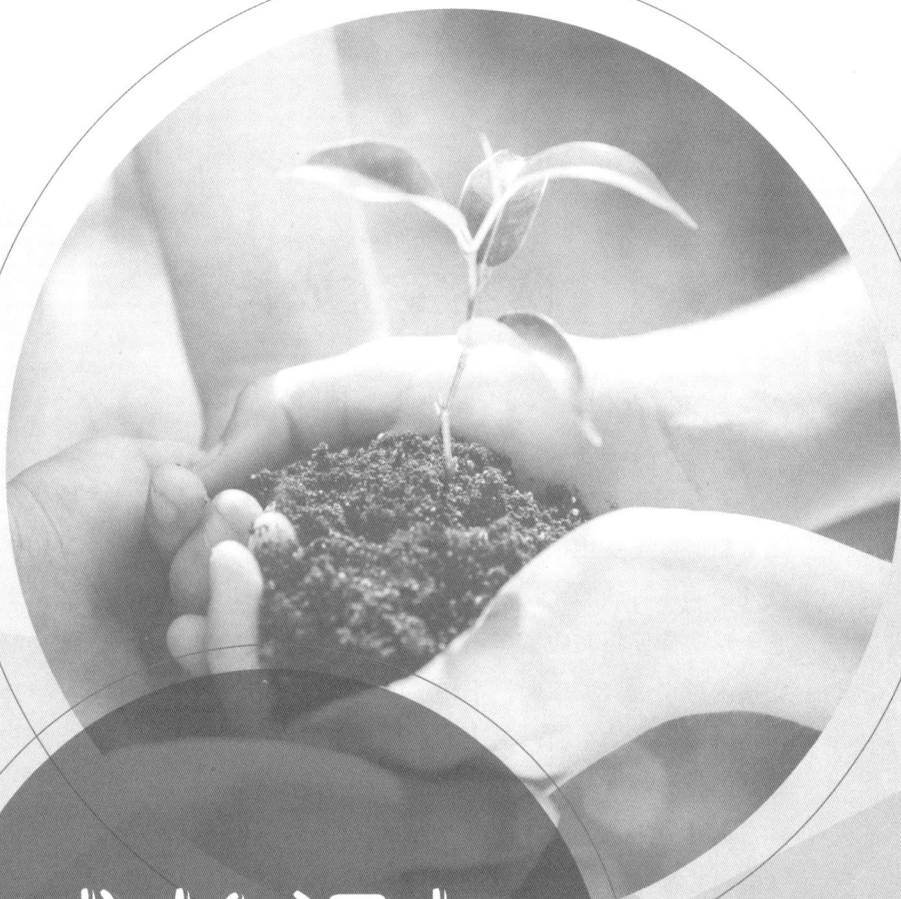

成长记忆

两本宝宝成长录

在我家的书柜里，静静地躺着两本略显破旧的宝宝成长录。一本是宏愚的《宝宝传记》，当年由北方妇女儿童出版社出版，是同学红霞在儿子满月时送的礼物，也是最有价值的礼物！让我与儿子受益一生！它无形中催促我完成了自己人生中最值得骄傲的事。因为在此之前，我还从未见识过这种东西，不知道可以用这种方式来表达母爱，填补了我作为一个母亲的空白。另一本则是《宝贝》成长记录册。是后来我们去寻购的。

两本成长录的共同点，都是从孩子零岁到六岁的记录，不同点是《宝贝》简单一些，只收藏孩子出生、满月、双满月、百日、一岁、两岁……直到六岁的生日照。期间还有记录孩子每年的生活情况和有趣的事情。《宝宝传记》则是根据零至六岁正常儿童生长发育的各种特征和指标，用科学的方法记录小宝宝从出生到六岁所发生的一切重要事情。是当年宏愚老师的科研成果。

尽管儿童的生长发育，有它一定的规律和进程，但每个儿童都以他自己独特的发育模式成长着。我庆幸霞在我为人母之初，送给我和儿子的这份礼物，让我有机会将儿子成长中的关键数字，记录在册，没有遗憾。

也许，这两本册子在别人看来，真是再普通不过了，但对于我们家来说，它却集聚了儿子最初的成长过程。空闲的时候或后来儿子出国留学想儿子的时候，我就会把这两本成长录拿来翻一翻，在回忆中思念！

看看儿子是什么时候开始坐开始站开始走，什么时候开口说话，第一颗牙齿何时长何时掉，等等，等等，儿子人生中的许多第一次，都融进了这本封皮起皱的册子里，看着那些数字的变化，百日、一岁、两岁……有了这些点点滴滴，儿子的成长进程逐渐变得丰满立体！尤其是零岁到两岁时期，儿子不同时段的生活习惯和发生的趣事的记录。可以让我触摸到儿子成长的轨迹，就像闻到儿子当年身上独特的乳香，心海温馨一片。

儿子在家时，偶尔也会把这些册子拿来翻看一下，不知他心里是怎么想的，但有一回，他在看时，一看到我的出现，脸马上侧转开，不经意中我瞄到他的眼角有一粒东西在闪闪发亮。

如果没有这些记录，我都忘了儿子是怎样长大的，也可能会像许多父母一样，在生气时，对着儿子笼统地比画着说，你从这么短，长到这么长，是我一把屎一把尿地把你拉扯大，老娘我容易吗？

呵呵！现在，我可以荣幸地为自己的回忆做一些旁注印证。当年记录时，儿子达到或提前达到科学目标时的喜悦和没有达到科学目标时的忧虑，都丰富了我的回忆！

既然咱今生能做一回妈，也别辜负了这个神圣的名称，咱也让自己儿子的生命有一定的质感吧。

第一次行走

每个孩子，从孕育的那天起，妈妈都会开始留意和关注他的成长，咿呀学语，蹒跚学步，都承载着父母的快乐。

儿子学说话的时间比走路的时间早。5个月的时候，就会说一个单字"妈"，10个月，就会清晰地说两个字。第一个会说的词，是与妈妈说"再见"。

但是学走路，则比说话慢。1岁才开始学走两步，就不敢再往前走了，主要是胆小。每次只要有一点搀扶物，他就轻松开走。哪怕是扶着一条软软没有分量的干飞机草秆（一种植物，做肥料，晒干后，它的秆就像现在的泡沫箱的质材，没有承载的重量），他都可以行走。但一松手，无论怎么逗他，都不肯走了。

儿子1岁两个月后的一个周末，我们带他回外婆家。

外婆说他，那么胆小，还不敢走路，真没用！

结果，在外婆讲这些话的一个钟头后，他一回到家，站在客厅，就自己走到沙发上坐下。我们都感到非常惊奇！是巧合，还是外婆的刺激？

第二天，他就直接越过蹒跚学步的阶段，自己就与一些小哥哥小姐姐，走到球场去玩了。从家到球场，有两百多米。

真是不可思议！我一直弄不明白是怎么一回事？

儿子的性格纤细、敏感。其实，经过一段时间的扶物练习，他已经具备独自行走的能力了，但可能是觉得没有安全感。

那天在外婆家，外婆当他的面说他胆小，刺激了他，所以，他鼓起勇气，说走就走了。

可见，学步与实现梦想同理，重要的是勇敢迈出第一步，如果不敢迈出第一步，也许永远都实现不了自己的梦想。如果遇到不敢往前行走的时候，有人推一把或刺激一下，也许就可以往前走。

外婆的一个小刺激，从此，儿子开始自己一生的行走。

第一张奖状

儿子三岁半的时候，我提前半年送他去了幼儿园。

那时候，当地的幼儿园没有中班，只有小班和大班，所以四岁才能进幼儿园。第一次带他去幼儿园面试时，他还很高兴，身上穿着一套黄白相间的短装，头上戴着一顶白色软边的太阳帽，肩上背着一个小背囊。见人就打招呼，很有礼貌。大人总是温和对他说，乖，这孩子真可爱！

可从第一天进幼儿园起，他就没有可爱过！那天，我们一家高高兴兴地送他去幼儿园，从我们离开的那一刻起，他就如生离死别似地死哭嚎哭，把人的心都要哭碎了！那时他奶奶还在我家，听到他的哭声，他奶奶说，快把他接回家吧！我硬着心肠不同意，虽然我自己已是泪水涟涟了。

一天下来，他已哭得声嘶力竭。每天一早去幼儿园，大哭一场是他保留的节目。原以为，他只是哭一段时间，适应了就好。谁知他天天哭，时时哭！我经常在课余时间或午休时，偷偷去看他，他奶奶更是经常在幼儿园门口徘徊站岗。玩得开心，他就消停一会，一静下来，又开始哭。不管是谁，只要逮住一个老师以外的大人，他就哀求别人带他回家，叔叔带我回家啰，婆婆带我回家啰，锲而不舍，喊个不停！弄得许多人都知道，小班有个麻烦精！几个老师也给他折腾得不胜其烦！我只能一方面咬住不带他回来，一方面又得偷偷与老师多接触，哄哄老师，怕老师对他不耐烦。幼儿园里，为了鼓励孩子进步，老师每个星期或不定时会根据孩子们的表现，评一朵小红花，贴在墙上每个人的名字下面。大半个学期过去了，儿子的名字后面还是空白的。

不知是否遗传，我爸妈曾说过，我第一次去幼儿园，也是与儿子有得一拼。我当年才两岁，第一天去全托幼儿园，也是一直在哭。我家就住在幼儿园的后面，那天晚上，半夜三点了，我爸去上夜尿时，从后窗偷偷看了我一眼，看到昏黄的灯光下，我还独自一人坐在床中央，也不哭，就不睡！宁死不屈似的不知与谁杠上了，就连陪夜的阿姨都困得熬不住了，我自己也在不断地"钓鱼"，但就是不倒下！我爸连忙回家把我妈叫来，两人站在幼儿园的栅栏外面陪着我，就是不把我领回家，四点钟过后，我才光荣倒下……

那个学期的最后一周，我去接儿子，平时很少对我笑的小老师，终于露出了笑容，她说：你儿子这周没有哭，得了一朵小红花。

学期结束的时候，当许多小同学拿奖拿到手软的时候，儿子也终于得到他人生的第一张奖状："好儿童进步奖"，获奖理由，上学不哭了。

第一次随父母迁徙

儿子一岁半的时候，我们从海南调动回东莞，我独自带他乘坐飞机。这是儿子的第一次随父母迁徙。

记得那天准备登机之前，他看了一眼在他看来像庞然大物的真飞机，吓得哭了起来，怎么都不肯上机。我也被他弄得六神无主，好不容易哄好一些了，我才开始登机。我们是从后舱登机的，一看到后舱外的飞机大螺旋桨，他又犯拧了。登机后，四十分钟的旅途，他哭了起码有三十分钟，我将儿子贴在胸前，让他听到我的心跳，希望以此来稳定他的心，但都不奏效。机舱里前后左右的人，看向我们的眼光，含义复杂。相对来说，当时能坐得起飞机的人涵养和素质还是较好的，但我还是觉得自己的脸都丢到姥姥家去了。临近下飞机时，他可能发现这个庞然大物对他没有什么危害性，哭声渐渐就停下来了。下飞机的时候，他对飞机又忽然恋恋不舍了。总是偷偷回头望大飞机，眼睛带着一丝探究之情。我突然想到，作为一个年轻的母亲，我十分不了解自己儿子的心理。儿子的性格天生就很敏感，从曾经的一些小事可以看出，比如，吃东西，只要他没有吃过的东西，他绝不会先吃，哪怕那东西的色彩很诱人，他嘴巴嚅动着，他也坚决不吃，要看到其他人吃了，他才会放心地吃。还有一次，在他 5 个月大的时候，有一次他奶奶带他从外面回来，我们怎么逗他，他都只是微微咧咧嘴。我们觉得很奇怪，一掏他的嘴巴，他的牙龈外藏着一粒熟花生米。原来，一个单身同事在那吃饭，他一直望着别人的嘴巴，那同事就随手喂了一粒花生米，他张嘴接过后，既不敢吃也没能力嚼又舍不得吐，所以一直含着。我们吓了一跳，这么危险的动作，如果他一不小心吞下呛着了，那后果是不堪设想的。既然他的性格那么敏感，我这个做母亲的，应该对他首先做一下心理辅导，提前带他看看大飞机，适应适应，讲解一下，他可能不会有这么多的不安和恐惧。

第一次坐飞机，也给他带来生活的新体验。第二天一见到奶奶，他眉飞色舞，马上用客家话比手画脚地说，阿婆我见到一只好大好大的飞机呀！从此，在电视里一见到飞机，他就兴奋不已。有一次带他上街，见到一个民航班机模样的玩具，他兴奋地叫了一声"飞机！"就飞扑过去赖着不走了，不买不罢休。

那天晚上，他的两个舅舅将我们从机场接回东莞，我们住在我大姨家。深夜了，他一直不肯睡，将我带到桌子旁边，自己爬上凳子，一直反复地对我说着"坐坐，坐坐"，我丈二摸不着头脑，住在二楼的大姨被我们三楼的响动影响着，她拿了一包方便面上来说，孩子是不是饿了？我冲了泡面一喂，他果然狼吞虎咽，我这才恍然大悟！原来儿子真的是肚子饿了。还是大姨了解孩子。

原来，临离开海南时，我们夫妻兵分两路，先生在指挥打包行李家具，然后押车过海；我与儿子先回通什娘家住，娘俩坐飞机回去。那几天，吃饭时，我们都让他上桌。之前在家时，都是他奶奶在我们吃饭前，就在校园里追着他满天飞，才喂完他。

儿子在10个月的时候就开始叫爸爸妈妈，一岁半的时候，已会说很多单词，也会将一些简单的词串成句，譬如我不要，开心时还会蹦出一句，大家一起，啦啦啦。但是，要完整地表达自己的意愿，还不是很会。

所以，在他新的认知里，吃饭就要上桌，上桌代表准备吃饭。因为他过去的吃饭是被动式的，从没有主动讨吃过，所以他不知道如何表述自己饿了，只好重复地叫我"坐坐"。

第一次生病住院

没有做母亲的时候，看到其他妈妈们对自己的孩子平时磕磕碰碰，或者生病时，那种心急如焚的焦灼，总觉得不可思议，生病谁没有？哪个孩子不在跌倒中长大？但是自己做了母亲后，就不是这样想了，记得儿子第一次发烧38℃时，我哭了，像极了剜自己的肉一般，心阵阵发疼。

儿子5个多月的时候，正是秋风刚起的季节。他奶奶因事去了他三伯家，这也是我们两口子第一次单独带孩子。之前的日子，儿子从未生过病，有一丁点的不舒服，他奶奶就用土方将病掐在萌芽里。那天，我发现儿子的鼻子有一点点塞，就问老公怎么办？老公自作聪明地说，帮他洗澡时，用热热的水给他泡一泡，明天就什么事都没有了。我问他，当真？当真，我以前都是这样的。这是经验之谈，他坚定地说。

于是，我们夫妻俩手忙脚乱地将儿子放在水中泡了好久，水将儿子热得哇哇大哭，他却不懂得表达。我说好了吧？先生说，再泡久一些。可怜这对毫无常识经验的爹妈，还浑然不知大人与孩子的情况，是没有什么可比性的。就这样把儿子折腾进了医院。

那天半夜，我发现儿子鼻子更塞了。我用手一摸他的头，觉得有一点烫，于是马上叫醒老公去把卫生员请来，一量，38℃，我的眼泪立马飘出。卫生员看到我流泪了，平静地说，不算高烧，先吃点药，多喝水，用棉签蘸酒精给他物理降降温就行了，别着急，交代完就走了。我怕儿子鼻塞透不过气，就用被子垫高背后，整晚抱着儿子坐着。也许泡澡太过，儿子三天都不见好转，我们把他抱到通什自治州医院看病，儿科医生说，孩子已开始有一点哮喘，再晚点送来，就容易落下病根。我们夫妻当场都吓傻了，这么严重？我们才开始懊悔曾经的作为。

在医院里又是打吊针又是打封闭的，直到把儿子从入院时还红扑扑的小脸变成青黄色的脸蛋时，儿子才得以出院。

因为这是儿子的第一次住院，第一次打针时，他乖乖地让护士姐姐摆弄他的小胳膊小腿。第二次开始，只要一翻他的小屁股，他就瘪嘴哭了。后来出院好久，只要看到白大褂或经过医院，他都会扭头瘪嘴。

最好笑的是，出院那天，有许多叔叔阿姨来看望他，虽然他不会说话，但只要一有人来问候他，他就坐在那里静静地憋着小嘴，一副委屈的小模样，把叔叔阿姨都逗乐了。从那时开始，我就知道，他的性格很敏感。

第一次登台表演

儿子第一次的登台表演，是在 1989 年 12 月 30 日的晚上。

那天，是长安中学第一次组织教职工举行迎新晚会。全体教职工都很兴奋，纷纷准备表演节目。我那天晚上也参加了群舞、双人舞、朗诵、小品、唱歌等节目。

最让我兴奋的，还是儿子的第一次登台表演。

那时，他才三岁半，跟着一群教职工的孩子在瞎胡闹。

为了活跃晚会的气氛，主持人在演出的中间，邀请一些小孩子上去表演。当许多孩子受邀时，都扭扭捏捏的，不肯上台。连我们自己都没有想到，儿子竟然自告奋勇大大方方地走上了舞台，要求表演。令全场爆笑。

当时，儿子上穿一件鹅黄色的羽绒服，下穿一条绿色吊背的灯芯绒裤，站在台上，萌萌的。主持人知道他平时的生活状况，就叫他用普通话、广东话和客家话，向大家问好。他就大大方方地用这三种方言说了"大家好"，引爆全场的气氛。因为那时，长安还比较排外，尤其是孩子，多数只会讲长安话。因此他一说，就觉得很新鲜。

那一晚，是 20 世纪 80 年代向 90 年代迈进的一年，本身就具有意义，老公说，那更是我和儿子，今生难忘的夜晚！

后来，直到长大，儿子都鲜少有机会登台表演。

小学三年级的时候，学校正准备排演节目参加市里的演出比赛。

当时，文艺老师到各个班进行"海选"演员，当老师的眼睛像雷达一样，在班里扫了一圈，就因为颜值定格在儿子脸上，他们班被老师挑中一男一女，男的就是儿子。

但无奈儿子除了颜值高，协调性不强的大种动作，也许让老师很懊恼，觉得自己当初挑走眼了。在第三次排练，儿子自己提出退出排练后，老师马上就一口答应了。儿子的"演出生涯"也基本到此结束了。

不管儿子自己是否记得，20 世纪 80 年代最后的那个夜晚，儿子上身穿着一件鹅黄色的羽绒服，下穿一条绿色吊带的灯芯绒裤的形象，一直保存于我们夫妻的心中。

这可是儿子难得、宝贵的一次表演经历。

阿霞阿姨
你怎么天天来我家吃饭

"阿霞阿姨，你怎么天天到我们家来吃饭？"这是儿子5岁的时候，在同一单位的同学丽霞，再一次端着从食堂打来的饭，在我家吃的时候，儿子向她发出的问句。

阿霞那时还是单身，常常在饭堂打饭后，就捧着饭碗，到我家边吃边聊天，联络一下感情，我们也习惯了这种模式。冷不丁地被儿子这样一说，我顿时尴尬极了！阿霞哈哈自嘲说，好在我知道你们夫妇的性格，不然真是难堪死了。

童言无忌。孩子成长的过程中，所有父母，也许都曾遇到过，自己的孩子让自己尴尬难堪的场面。每当这个时候，父母都恨不得找个地洞钻进去得了。

虽然这种尴尬的事，时常会有。但做过父母的人，都知道，这是不可避免的。这是由孩子的天性决定的。而这种童言无忌，又是有时段性的，大可不必，恼羞成怒，撒气于孩子。因为这样很容易过早泯灭孩子的天真童趣。

记得儿子小的时候，我曾经带他去一个朋友家做客。这个朋友婚后还没有生育，因而不懂得小孩子的天性，当儿子不知因何讲错一句话后，她马上变脸，当着我的面，训斥儿子，说他没有教养，不懂事。我当时心有不悦，但也没吭声，也原谅她没带过孩子而不了解孩子的天性。但我也不是偏袒自家孩子，我知道刚才他说的话是无心之举，而非刻意。

回到家后，我才慢慢与他分析，他之前之所以被训斥的原因是什么。然后才轻描淡写地说，以后要注意。因为我不想因他的一个无心之举，而失去他这个年龄应有的天性。在他那个年龄段，我平时说话，也尽量不与他说大人话，力求保持他的天真好奇。

因此，儿子虽然调皮捣蛋，但从没人说他，像个小大人。

教师节的礼物

第一次见到儿子的班主任，是在 1993 年的教师节。距离儿子上小学一年级，仅有 10 天。

那天晚上，为了庆祝教师节，长安中学与镇中心小学的教师齐聚中学的歌舞厅举行联欢。我正在舞池中跳舞时被同事拽住了，说有一个小老师在找我。我急忙将在舞池中与一群小孩疯玩的儿子拉着，去找他的老师。

那老师给我留下的第一印象是脸上皮肤稍黑，有一双不大的眼睛，眉头紧锁，嘴巴嘟囔着，一副忧国忧民的模样。简单自我介绍后，她说，你儿子每天上学迟到，上课不是讲话就是搞小动作，做作业马虎还不按时交，搞卫生不认真。我一下愣住了。因此我就试着引导她发现儿子的一些闪光点，"他还是很聪明的……"没等我说完，那小老师马上一脸不屑地抢白说，嘁，比他聪明的人大把了！看着儿子天真无邪、不谙世事的笑脸，我无语、心疼了。

摊上这么多的缺点，简直糟糕透了！她也许不知道，她这个近似完全否定的评价，对一个仅有 10 天学龄的孩子来说，意味着什么。而且，还是当着这个孩子的面。

多年后我都想不通，一个教师，一个合格的人民教师，怎么能对一个仅有 10 天学龄的孩子，做了这么一个近似完全否定的评价。

这就是儿子送给我的第一份教师节礼物。

我也是一名教师，明白儿子当时的确是调皮不定性的，但摊上这么一个德行的老师，看来是不能期待她完成对我儿子正常教育的。而我自己那时也正好带着一个初三尖子班，背负着学生升学的巨大压力。

工作很重要，但作为一个母亲，儿子更不应该放弃。我不能再以工作忙为借口而忽略孩子、亏欠孩子了，否则我一生都得不到安宁。

于是我每天先亲自送他进学校。其实，那时候小学就在中学的斜对面，他原来是随学校家属一帮小朋友自己去上学的。那段时间，不管多忙，我每天坚持抽空到学校向老师了解儿子当天在校的情况，我试图用自己的行动引起老师对我儿子的重视，做到学校与家长相互配合。那个小老师天天中午都不厌其烦地布置作业给学生，儿子也天天因没有按时完成作业而被留堂，我知道与这个老师比较难沟通，因此，我暂时不说什么。每天中午放学后，我都去教室陪儿子做完作业，再领他回家吃饭。下午放学后，又监督他首先做完作业，我才去忙自己的事。

慢慢地，开始有了一点效果，老师对我的脸色也从一开始的冰冷到露出一点微笑。刚好我一个学生的姐姐也是这个老师的同事，当时我那个学生的成绩也不太好，她看到我那段时间天天来学校看儿子，很受感染，她对我说，我也要向你学习，多点关心我弟弟。

两个月后，儿子转学回莞城。

好习惯是培养出来的

优秀，其实就是一种习惯。当你重复做一样事情的时候，习惯就成自然了。

因为长期受教师职业病咽喉炎的困扰，我无奈转行回到了莞城住在爸妈家。也有了更充裕的时间去陪伴儿子。

回到城里的儿子，暂时找不到新的玩伴也乖了许多，少了一些野性。我开始着手培养他的好习惯。我给他定了严格的作息时间，早上六点二十分起床七点前到校，下午放学一回到家就要做作业，晚上九点钟准时要上床睡觉。

这些东西，看似简单重复，但天天坚持，就能成为一种习惯。一段时间后，很奏效。每天早上外婆准时叫他起床，他总是一骨碌就爬起来，从不赖床，然后，他自己就先打开电视看看天气预报来决定今天穿什么衣服；下午放学回到家的第一个动作，就是先拉开他的小书桌。每天不做完作业，他就坚决不洗澡不吃饭。

一次，他有一道数学题不会做，我们还未回到家，他就大哭了起来，外公外婆叫他先去洗澡吃饭，他就是不肯去。外婆好心地说，我帮你看看，他马上露出不屑的神情说，你懂吗？在他眼中外公是大学生，啥都懂，而外婆只是初中生，没文化。他不知道外婆这个老初中生曾经担任过很长时间的小学校长。后来，在外婆的启发下，他才完成了作业。从此，他对外婆就刮目相看了。

　　每次带他出去玩，他都先想到怎样才能尽快完成作业。晚上，做完作业的他，我们就任由他自由发挥，但是，一到九点整他就得准时上床，哪怕是节假日，他都保持这个良好的习惯。

　　节假日，有时我们兄妹几家人凑到一块玩耍，他与几个表姐妹常常会闹翻了天，但不管之前有多疯，一到时间，他撇下表姐妹倒在沙发上就睡。这个习惯一直保持到小学毕业，从未让我在这方面操过心。

　　后来，每次听到亲朋好友们，在哀叹和头疼自己的孩子经常不好好完成作业时，我的心里就偷着乐！

儿子的自信心在那一刻建立

那天下班回家后，儿子兴奋地扑向我，"今天我们班选三好学生，全班都举手选我了！他们都信任我。"说话的时候，他的眼睛闪闪发光，声音都有些变了。望着这张红扑扑的小脸蛋，我不由地把他紧紧地搂在怀里，重重地亲了他一口。

我知道，儿子的自信心从那一刻起，已开始建立了。

人有时候被信任的理由就是这么简单！

这是儿子小学二年级第一学期的期末。

儿子转学回来后，虽然学习的习惯已逐渐养成，在班里也算中规中矩，两科成绩也接近满分，但他对自己始终缺少一点自信，也缺少一点转变的契机。

我始终认为，人的自信心的确立是需要氛围和契机的。

二年级第一学期，城区要举行全区的年级数学竞赛。数学老师在班里挑选几个同学去做赛前培训，他也在其中。最后他们班只选了他和铭参加竞赛。

正好那段时间是季节转换期，感冒的人很多，他不幸也中了招。考试的头一天晚上还去看急诊打吊针。考试的那天，儿子还发高烧到39℃，不停地咳嗽着。

我们很心疼，也怕他影响状态，就劝他放弃比赛，但他怎么都不答应，一定要坚持参加。

那次竞赛，铭得了一等奖，他只得了三等奖。但已经很不错了，因为参赛的不是人人都有奖的。为班里争了光，回到班里，他们受到全班同学凯旋般地欢迎！同学们的行动给了他极大的鼓舞。这次班里评选三好学生，他全票通过了。

我就趁势引导说，儿子，其实你很棒！只要保持下去，你永远是最棒的！他也狠狠地点一点头说，我是最棒的！我们击掌相庆。

这次竞赛，后来也真的成了他一生中树立自信心的拐点。从此，他真正迈进了优秀生的行列。

我家买房我也出了钱

每逢春节，儿子都收到不少的压岁钱。

他二年级那年，刚好赶上我们家要筹钱买房子。我就跟他商量说，我们家现在要筹钱买房子，你的压岁钱除了留下一部分给你当零用钱，由你自行支配外，其余的钱可不可以交给妈妈，就算是你为家里筹钱买房子尽一点力量，好吗？他想了一想，同意了，并且把上交零花钱这个习惯一直保持到他上大学后。

那段时间，他一见到亲戚朋友，总是很自豪地说，我们家买房子，我也出了钱！

从此，他也不敢随便叫我们买东西吃了，而他的零花钱的使用也一直很有计划。

我不缺他这些钱买房，主要是为了从小培养他的家庭参与意识，以及养成良好的节约习惯。

送你一束康乃馨

二年级开始，每逢过母亲节，儿子都会用自己的方式送上自己对母亲的祝福。最有意思的是他第一次为我过母亲节。

那天一大早，他就与他爸爸神神秘秘地嘀嘀咕咕着，不知在商量什么，然后两人就出去了。

从外面回来后，他把双手放在身后，然后很高兴地问我，妈咪，今天是母亲节，你猜，我送什么礼物给你。

我笑着说，康——乃——馨！

哎呀，你怎么这么聪明呀！怎么一下就猜到了，那，送给你，送你一束康乃馨。

他不知道，刚才他的小肩膀上有几朵康乃馨正在探着头望着我笑呢，这个小傻瓜！

经我一点破后，大家笑作一团。

第二年的母亲节，他还作了两首诗给我，并在全家人面前大声朗读。他是这样写的：

> 天下父母纷爱子，
> 爱是不顾一切事。
> 爱是严格要求做，
> 爱是使儿明事理，
> 将来出来建祖国。

母亲有张慈祥脸，

也有一张严厉脸。

我们深深记着它，

永是（世）不望（忘）养育恩。

　　说句老实话，这两首诗写的真的很稚嫩，连题目都没有，也没有什么押韵，错别字也不少，但出自一个九龄童的手，也能比较准确地表达和概括了一个儿子对母亲的爱和感恩之心！

　　舅舅他们最欣赏的一句就是"爱是使儿明事理"，笑着说，归纳得还不错，还真的有点明事理的味儿。

　　我一直将写着这两首诗的小纸片保存至今。

人家谁谁的孩子多棒啊

如果让所有的孩子评选最不喜欢听到父母说的话，相信有许多孩子都会选"你看人家谁谁的孩子多棒啊！"这一句。因为孩子们会觉得这是自己父母嫌弃自己的信号，情感上是很容易产生某种抗拒的。

虽说，老婆是人家的好，孩子是自己的好。父母对自己的孩子总有爱不够的感觉，但是一看到别人的孩子可爱、优秀、有一技之长，就发乎声，溢于表，羡慕得不得了，明里暗里就会对自己的孩子有一种恨铁不成钢的埋怨，这是一个普通父母的正常心理。

我也在普通人之列。儿子小的时候，看到比儿子长得肥胖卖萌的孩子，就觉得人家比我儿子可爱；儿子的成长过程中，看到懂事的智慧型的有技傍身的孩子，我就心生羡慕，也不懂得在儿子面前掩饰。羡慕之余，也许潜意识里是想让儿子学学别人家的孩子，为其树立一个榜样。但没有想到，父母的这一做法，适得其反。无意中也伤害了自己孩子的心，在孩子有限的阅历中会暗自惭愧，觉得因为自己的不够好而让父母嫌弃自己，心里更怕的是自己失宠于父母。久而久之，孩子自己都会感到自卑。有一次，在我对别人家的孩子赞叹时，偶尔回头，看到的是儿子受伤的眼神。我突然意识到，我这种表现是否需要自我反省？尤其是有一次我在津津乐道一个优秀孩子时，儿子突然插嘴说，每一个人的成长方式都是不同的嘛。

儿子的个头只有 170cm，在同龄人中的个头不算高。一直是我的一个遗憾！每次看到长得高高大大的男孩，我都会哇哇声，转身就会对儿子说，儿子你乍就不长高一些呢？儿子白了我一眼说，我也不想啊！又说，唉，自家的母亲都嫌自己，你还想别人怎么看你？我失语了……

看到好的东西就赞美，是人的本能。别家孩子好的一面，每个人都可以借鉴。但是我们在羡慕赞美别人孩子的同时，往往却忽略了自家孩子的自尊心。也应该想到别人家父母和孩子在风光背后的付出。扪心自问，我关心自家的孩子有多少？为孩子付出的又有多少？

后来，我在赞美别人的孩子时，都尽量注意自己的措辞，以免引起孩子的反感。有时候看到有关于孩子教育方面的好文章，都会第一时间放在儿子房间最显眼的地方，让他看看。之后我才会与他慢慢讨论看了这篇文章的感想。

每一个孩子都有自己独特的个性。当然，有些东西是需要天赋的，天赋又是与生俱来的。我们不必为此遗憾，更不必太羡慕别人的孩子。只需根据自己孩子的特点性格，如柔水一般顺其性格及兴趣，给他们一个自由发展的空间，就是尽职了。

孩子自己的人生如何？冥冥中，就像一首歌里唱到的，老天自有安排。

听妈妈讲那过去的事情

孩子成长的过程中，除了亲身经历过的事情，如果从小没有经过各式各样的故事浸染或父母的现身说教，他的成长无疑是苍白的。而每个人的成长又是与他生长的那个时代息息相关的。父母在教育孩子的时候，每每喜欢用忆苦思甜的口吻敲打孩子，把那句口头禅挂在嘴边，想当年我们小的时候……，其实，每一代人的成长经历都会烙上那个时代的烙印。

在这方面，我也曾犯过傻。为了让儿子懂得今天的幸福生活是来之不易的，我与儿子讲起了我们小时候的苦日子，说的是那时我们连菜都吃不上，很多时候，我们餐餐吃萝卜干、豆腐乳，谁知儿子一听到这里，眼睛就发亮了，哇，这么好？还有萝卜干、豆腐乳吃？一脸羡慕，让我讲话的兴趣点骤然下降，简直是鸡同鸭讲！

也让我想起曾经的往事，当年，我妈为了让我们了解鬼子侵略中国的历史，对我进行过的忆苦思甜教育。妈妈说起她小时候走日本鬼的故事。说的是当年每次日本鬼子进村时，外婆就会将妈妈与大姨的脸上抹一把灰，然后所有的女人全都躲起来。有一次日本鬼子来的时候，当时才几岁小舅，家人来不及抓住他，一不小心就让他自己跑了出去。小鬼子用食物利诱他，叫小舅讲出妈妈她们藏在哪里？结果，小舅吃完东西后嘴一抹，就是不说。那时正是物资匮乏的年代，贪吃的我只注意到小舅有东西吃这个细节，忙问妈妈，他们给小舅吃什么，好不好吃啊？

因为我们没经历过这段历史，对它没有什么具体的概念，仅是从小人书或电影里知道一些关于日本侵略中国的历史。我竟然只在纠结小舅吃的是什么东西，而忘了家仇国恨。现在回想起来，都觉得好笑！

就像现在城里的孩子，天天上学都普遍坐汽车，便觉得是天经地义的事了。没有汽车坐，才觉得是奇怪了。

曾经听过一个这样的故事。一个蜜罐里泡大的孩子，家人教育他说，某某地区的孩子连饭都吃不上，更不用说上学了，他竟然不可思议地说，为什么？没有饭吃，不会去饭店买吗？为了让他对这个问题有一个真实具体的感受，父母主动带他到乡下去寻求精准扶贫助学，通过实地体验，他终于认识到，原来生活还有许多面，不是每个人都是那么幸运的。从此，他改变了一些观念，懂得关心别人，花钱再也不敢像从前一样大手大脚了。

如果家长一味地用想当年来教育孩子，往往会撞墙碰壁。孩子是需要通过故事来进行形象感观教育的，但有时教育的内容不能与时俱进，效果也会适得其反。

当然，让孩子了解父母的成长过程，也是一种不错的选择和经历。

看着你的眼睛

　　人生知己难求。如果有人问我你有知己吗？我会说，有，其中一个还是我儿子。

　　父母与孩子之间的关系，应该是一种很自然的亲密关系。我们这一代人，因为生长在一个破旧立新的大环境，温良恭俭让的东西，让生活在那个特殊年代的人极为不齿。也因为大多数国人囿于感情的含蓄，虽然对孩子心里有爱，但疲于奔命，很少有富余的时间，回到家里的时候，再与自家的几个孩子好好地沟通的。许多人是在潦草的环境中长大的。不像现在，城里的大多数父母，在宽松的年代里，可以用心地去面对自己的孩子。

　　为了弥补我与父母间曾经的一些遗憾和缺失，我希望与儿子一开始就建立一种平等的亲和、相爱的母子关系。我从不吝啬用语言和眼神去与儿子交流，表达我对他的疼爱，让眼神直抵孩子的心灵。

　　孩子小的时候，我们的关系是呵护型，多与他说话，让他感知到我对他的爱；懂事后，我们的关系是平等型，处理问题的前提是让孩子尊重我，听大人的话，但是大人有不对的地方或他自己有什么想法，都可以向大人提出。孩子有不对的地方，父母也能及时地批评与教育，但批评过后，我一定让他明白，我之所以这样做的理由是什么；长大后，我们的关系是知己型。由于有了儿子的童年、少年和青年长长的铺垫，我们对彼此的信任是自然而然生成的，随着时间的推移，我们的角色也在悄然转变，我们之间不但沟通畅通，但更多的是我把他也当成我的铁杆知己，生活中有什么感受都愿意向他倾诉而不担心他对我的背叛！有时甚至他比我对我自己，看得更透彻、更客观！

眼睛是心灵的窗户。直视、平视人的眼睛，把手心压在人的手心上，传递给人的是一种信任和尊重的力量。

父母对子女的眼神，最直接的是传递亲情和爱的力量！家庭成员之间如果能做到亲和相爱，平等相处，也是为自己的亲情做一些储备。教育好孩子，自己下半生的情感才会有着落！就是因为这个问题被许多人忽略，所以，许多老年人，曾经或长期缺席对子女的情感的培育，沟通不畅。那么，年老后，与子孙的情感上就会有着一种咫尺天涯般的距离，大家极少换位思考地为对方着想，一味地想当然地要求对方付出。也正因为如此，现在才会出现许多老年人，对子孙情感饥渴，心中彷徨无助！

虽然，我的父母与子女的相处，也曾经与那个年代大多数同类的家庭一样，情感是含蓄的。但是我永远记得我唯一的那次与父母眼神的交流！小时候，用餐的时候，我们小孩子一般是很少坐在家里吃饭的，都是每人捧着一碗饭就去走家串户，相互比较着各家的饭菜。

我刚懂事的时候，有一次，哥哥弟弟都出去了。饭桌前，只有我和父母，我独自坐在父母的对面。吃着吃着，母亲忽然慈祥地注视着我，父母的感情一直都是很好的，父亲看到母亲望着我，他也不由自主地用温和的眼神望着我，我也直视着他们。整个过程，我们仨都没有说一句话，但我的心，被父母的眼神晃得暖暖的，并将持续一辈子！

因为那一刻我相信一点，父母是爱我的！虽然，之后的几十年，父母从未当着我的面说过我爱你，也很少凝视我的眼神，但我永远不会忘记父母那一刻的眼神，幸福的感觉漫长地萦绕于胸！心里一直是安定的，因为父母爱我！我也希望把这份爱回馈给父母。直到现在，尤其是母亲离开我们之后，我总会在特定的时间里在心里复习回放一次父母那一刻的眼神，更加珍惜与爸爸在有生之年的缘分。尽管父亲曾经因为某种客观和主观的原因，深深地伤害过我，让我看到了人性最丑陋的一面，我虽然也曾有过怨恨，但都会因为心底曾埋藏的那抹温暖慈爱的眼神，就会努力地调整自己的心态，希望在父亲的有生之年，回馈我的反哺之情。

由己类推，一个人的一生，除了家人，也需要多元的朋友支撑，知己也是必不可少的。人有七情六欲，人类本身就是复杂的动物。人心换人心，人格是平等的，没有贵贱之分。名与利不过是人头上的一道光环而已。每个人都希望有尊严地活着！尊重别人也是在尊重自己。一个人，无论你是成功或者失败，褪去了头上的光环，你就是一个普通的自然人。

我们赖以生存的工作环境中，存在着上级和下属，也有着尊重与被尊重的关系，没有哪个领导喜欢整天面对一个顶心顶肺的下属。主观上来讲，也没有哪一个下属会希望自己无故冒犯领导。别人对你是否忠诚信任，原因是多方面的。但任凭是谁，职高者终须明白，有时候别人对你的尊重，也许是因为你的职位，而非你个人的魅力。下属做错事领导可以批评，下属也可以被领导训斥，但前提是要维护别人的自尊，让别人对你的感激需要发自内心。否则，哪怕别人尊重你的职务而一时畏惧你，也或许是因为忠于职守而听命于你的工作安排，在你转身的那一刻，也会对你嗤之以鼻的。

人们也常常用人走茶凉来形容世态炎凉，但其中也有一部分原因不仅仅是因为这些，而是取决于你曾经对待别人的态度。没品之人，一旦离开一些光环，就容易被人忘却。

再好的朋友在思想或利益方面发生冲突时，关系也许都可能会发生变化。

有亲情打底的认知，无论世事如何变，我愿意相信，我和儿子之间终会拥有一份坦诚的动力去面对生活的困难而彼此信任！并让这种平等相守的信念贯穿于他对人生的态度和价值取向中。

孩子要养掉骨子里的酸气

"我们家很有钱"，听到Z家的孩子这话时，我笑了，也挺感兴趣的，很想知道，一个五岁孩子是怎么理解这句话的。在孩子看来，想吃的，想玩的，想用的，家里从不缺，父母都可以满足孩子的要求。Z两口子也是工薪阶层，但Z养孩子却是抱着富养的理念进行的，从小就满足孩子的物质需求，并教会她懂得与人分享。因此，孩子就得出了以上这个结论。这里面，就涉及如何富养孩子的问题层面。

人们常说，女孩要富养，不要一支雪糕就被人骗走了。男孩要穷养，主要就是粗养，让男孩子从小多受磨砺，长大才能有担当，成为有责任感的人。生活细节往往体现出一个人的真本性，一个人的性格一定有家庭的烙印。

女孩子富养，包含几方面的意思。体型方面，如从小开始塑造，长大就会挺拔而婀娜，气质好。品德方面，如果从小父母在细节上注重品德的培养，好品德会伴随女孩一生。经济方面，如果女孩子一直是在宽裕的家境中成长，学会在日常生活中求品质，长大后，生活就会有品位，也不会为一些蝇头小利所引诱。人最好能全面发展，但自身的环境受客观限制，如父母个人的素养、家庭的经济条件以及生长的环境等等。我们大多数人都是随波逐流，长啥是啥的。如果不能做到全方位，起码在品质上要富养，条件许可经济上更要富养。只要不是过分奢侈夸张，想达成的愿望，就一定要让她满足。富养的女孩，性格一般较独立。总之，穷养富养，不如教养！

我曾见过两个富养的女孩。一个从小家里有钱，花钱从不吝啬，但母亲身体不好。所以她从小就学会干家务，长大后，经济很独立但也很自然地把做家务当成是生活的必需品。这样的女孩，成家后，容易安于相夫教子，也不会因为一些家庭琐事怨天尤人。另一个女孩，从小不缺吃少穿，母亲严格管教。长大后，自身总能从骨子里散发出一种魅力，让识货之人对她赞叹有加。她对金钱的概念也很看淡，朋友需要，哪怕她掏空自己也倾囊而出。我说，你不怕你有急用有需要吗？答曰，再想办法呗。更奇葩的是，有次看她在用手机打长途，问她，你桌面上不是有电话吗？她诧异地看着我，除了公事，我从不在单位打长途。我更愕然！

我曾经很欣赏《大宅门》里江珊饰演的那个抱狗姑娘的形象。她生长在穷人的家庭，所以早早就被家人送到大宅门里干粗活，因为机灵，肯干，被斯琴高娃扮演的老太太留在身边当一个抱狗姑娘。后来还被陈宝国饰演的公子哥收为填房。后她从穷亲戚家领养了一个男孩。这个男孩刚来时，行为举止畏畏缩缩的。抱狗姑娘就叫人教他吃喝嫖赌，挥霍奢华之气，终于养成一副公子哥的模样。这时就遭到他的养母"抱狗姑娘"的狠狠教训。旁人见了颇为费解。抱狗姑娘回答，我放纵他，就是要去掉他骨子里的那股穷酸气！教训他就是要让他今后走正道。高，实在是高！我佩服她的远见！我把这个故事告诉给儿子。

男孩子穷养，主要还是锻炼其对生活的承受力，但如条件许可，经济上也需富养。因为孩子的性格需要从小铸就。如果一个人的欲望，总是受阻，长期处在不能满足中，长大就容易起贪婪之心。或者，总是不断被告知，家里很穷，要节俭，性格形成后，骨子里就容易带一股子酸气，即孤寒，小家子气，待人处事就会缺乏大气，骨子里的酸气就会折射在生活的细节上。有些出生贫苦的孩子，长大后也许通过自己的努力而获得事业上的成功，或在职场上，因为自己处在某个特殊重要的位置，在为人处事上，经过人生的历练，也会显得大方义气，但也许这只是社会包装的一种需要，当回归家庭，或工作之外，一旦其心情完全放松，骨子里的东西就会自然而然地流露出来，体现在细节上就是在处理具体的待人接物上，会体现出这个人性格上的孤寒和小家子气。

　　对儿子物质上的欲望诉求，我不可能会随时满足，但也总会尽我所能创造条件满足他的愿望，让他与同时代的孩子一样，虽然稍欠但没有距离感。

　　我明确告诉他，人可以穷，可以俭，但不能酸！

你为什么要买东西给他们

朋友 N 来了，我去她姐姐家拜访她，儿子一同前往。路上，我在路边的小店买了一些伴手礼。8 岁的儿子就在一旁小声地嘟嘟囔囔，去人家家为什么还要买东西去呢？不买不行吗？哟，这小子！这么孤寒！我睨了他一眼。我一路走，一路与他交谈。我问他，暑假带你去广州，阿霞阿姨有没有买东西给你啊？他说有啊，我说你高兴吗？他说高兴！那人家为什么要买东西给你呢？买给你就高兴，你买给人家就不乐意？他不语了。我继续说，人与人之间，一定要有交往的，也不一定见面非要买东西给对方，但是礼尚往来，是一种传统。有时候，人与人交往互送礼物是一种礼节，可以增进彼此双方的友谊，让双方相处都舒服，不是很好吗？我讲的话，他不一定听得进去，但慢慢引导吧。

那天到了朋友姐姐家，受到了他们一家人的热情款待。他们家有一个与儿子年龄相仿的小男孩，家里也有许多男孩子玩的玩具，他们很快就混熟了，共同埋在玩具堆里。临走时，他还抱着一个玩具爱不释手，男孩的母亲说，喜欢就送给你了，你带回家吧。男孩开始有一点不乐意，很快又想通了，也马上热情地说，拿吧拿吧，送给你！儿子也不客气，抱着就走了。当时我也没有吱声。回来的路上，我问他，你怎么拿人家的东西了，他理直气壮地说是人家送的，那你开心吗？他说开心！我说，你本来就不应该拿人家的东西，你喜欢你就可以拿吗？你看人家小哥哥，还舍得把自己心爱的东西送给你这个客人。你刚才来的时候是怎么说的，这样对不对？你好意思吗？他想了一想才低下头说，刚才我那样是不对的。

打那后，他在与别人相处时，再也没有说过此类的话。

与人相处，是一门学问。一个人，IQ再高，如果EQ短斤缺两，也很难立足于世。

自己挣钱买轨道

车子如期在轨道上运行的时候，儿子由衷地笑了。这是他第一次"挣钱"为自己买的玩具，爱不释手。一直到高考完，我们搬家了，他才与它依依惜别。

搬家的时候，家里清出几大箱缺胳膊少腿的玩具，唯有这个车轨道是完整的。

这是儿子小学五年级的事。爱玩具是孩子的天性，女孩爱芭比，男孩爱机器人、车子。他对玩具的热爱和眷恋，一直延续到初中阶段。所有的玩具，在买回来的两个钟头内必定给大卸八块，然后再被复原，这是惯例。五年级那年的暑假，他突然恋上了一种汽车轨道玩具，就是那种塑料制作的椭圆形的汽车轨道，他提出要买一个。我问他要多少钱？他说大概要一百多元。钱不是很多，也不是不可以给，但我转念又想，反正都得买，不如设置一些障碍给他。于是我就跟他商量，你自己干家务挣吧。

一听说要他自己干家务挣钱来买玩具，他就不乐意了。儿子从未干过家务，一是大人舍不得他干，二是平时他早出晚归的，午餐又在别人家搭食，不忍心让他干。尤其是四年级后，他就开始自己骑自行车去上学了，基本没时间学做家务。他一开始怎么都不同意。我就是不松口，没办法，为了他心爱的轨道，他终于妥协了。我们商定了他的报酬，拖一次地 5 元，洗一次碗 3 元，擦一次桌子 2 元等。计划进行的开始，因为不熟练，他经常被我要求返工。他极不情愿，我也不理会他。有时候，他就一边哭一边干，为了心爱的玩具，他只好忍了。等他挣够需要的钱，他也学会了做基本的家务。

记得他将轨道买回来的那天，兴奋地像过节一样，待在自己房间摆弄了一个下午。

我也暗暗自喜。既达成了他自己的心愿，又让他学会了做家务。也因为是他自己用劳动所得换来的，所以他对这个轨道比一般玩具都珍惜！小心翼翼地，总怕弄坏。

最重要的就是，从今往后，只要我没空，就可以趁机心安理得地叫他帮忙做家务，最重要的，还是免费的。

快看啊，甘蔗头上长草了

　　儿子四岁的时候，第一次回广西老家。一路上，车窗外的风景一直向后倒去，新鲜感让他情不自禁地像只小鸟叽叽喳喳的。在人们进入昏昏欲睡的状态时，一阵尖叫的男童声在车厢里响起，"妈咪，快看啊，甘蔗头上长草了！"他的一惊一乍，立即给车厢增添了兴奋点，引来周围人善意的一笑。看着他，我也笑了，但笑过后就愣住了，常识啊！甘蔗收获的季节，甘蔗，儿子倒是没少吃，但因为生长在城里，从没见过甘蔗在地里长得是什么模样的，所以才会闹出甘蔗头上长草的笑话来。

　　偶尔，也曾经听说过一些缺乏常识的孩子，当大人问他某某东西没有了怎么办时，孩子还天真地建议，去商场买呗。所以说，对孩子的常识教育是不可或缺的。

　　生活充满常识，常识无处不在。

　　首先我们要感知常识。

　　人与自然是共存的。每个人对世界的认知又是有差异的，有些人敏感一些，有些人迟钝一些，但无论迟钝或敏感，都取决于我们最初的教育。孩子刚来到这个世界，像一张白纸，他们对这个世界充满了好奇，渴求认知的目光，需要父母去引导和发现。

　　虽然，现在资讯发达，人们获取的知识面是宽广无限的。但现实中，我们许多人又是囫囵长大的，父母匆忙的生活脚步让他们难以停下耐心地对自己的孩子进行常识普及，使得孩子对身边的基本常识熟视无睹或知之甚少。有许多年轻的家长甚至宁可花一笔钱让孩子去参加什么精英培训，也不愿意自己花多一些时间去陪孩子发现这个世界认识这个世界。所以，也许在未来的日子里，孩子需要表达对事物的看法时，就会感到语纳词穷或无从下手。如果我们对孩子从小就介入性感知自然，孩子就一定能感受生活，还原生活。

我曾经与友人一起探讨过"感受"与"享受"这两个词的区别。认为，人面对自然和伪自然的美景，感受是主动式的，享受则属于被动式。一字之差，需要我们付出更多的努力。

有想法的父母喜欢在休闲日，舍得花时间带自己的孩子到大自然去呼吸新鲜的空气，更是为了让孩子亲近自然，不放过让孩子在玩耍中，了解自然界中花草树木的基本常识，然后在通过一些相关的儿童读物去寻找答案，孩子对生活常识的认知就不会空洞无物或一知半解。有一些家长还以扶贫助学的方式让孩子与乡下困难之家结对子，在培养孩子的同情心的同时，又可以了解农作物的生长情况，一举多得。

其次要体验常识。

描述也是一种对生活常识的真切体验。记得我当老师的时候，曾带学生去大自然游玩，发现当学生看到美景时，觉得很震惊很赞叹，就是不知道如何用语言去形容和表达。因为面对美景，他们也许从小缺少描述的锻炼，所以只能望景生叹了。

那天，看到一对母女，孩子才将近 15 个月。但妈妈问她对一种实物的表达时，她都能用肢体语言或者象声词准确地表达出来。大伙一看都乐了，觉得妈妈像个耍猴的。但在笑声中，我倒是钦佩这个母亲的用心！据说，她每天回到家，都会问孩子当天的情况，诱导她用语言和肢体表现出来。平时有空在家，也陪着孩子在游戏中认知周围的事物，所以，孩子在潜移默化中，就学会了观察周围的生活，从而准确地将看到的事物描述出来。在与孩子说话的时候，家长尽量少用叠音词，习惯用完整的句子与孩子交谈，并注意尽量词语扩展开，多带一些前缀词和后缀词。

记得儿子在两周岁时，我教他看墙上的一幅画，画面是一个唐老鸭的正面像，我指着画问他，这是什么？他竟然说唐老鸭在吹喇叭。看着唐老鸭那略显夸张的大嘴巴，真佩服儿子的想象力。真逗！

再次是比较常识。

有比较才有认识。从儿子学说话开始，我就教他在事物中学会辨别和比较。自然而然地，他在日常生活中，习惯用比较法去看问题。比如有一次我带他去一个亲戚家，他在人家卧室里转了一圈，就说他们家这个木床很像我们家的，就是上面的栏杆和床梆的花纹不同。

喜欢对事物进行比较的人，个人认为，长大后对事物的看法容易客观，较少偏激。

请把字的笔画搬到格子里

儿子在小学和初中时期，各有一个明显的毛病。小学是作业完成很快但超级乱，写字的笔画不对。初中是上课爱迟到，另表。

我想这应该起因于他最初的习惯。儿子对数字比较敏感，数字是从认车牌开始，不过他的数学从幼儿园到大学，哪怕是高考，从未差过。对文字却真是从象形、会意字开始认字的。我们是从简单的看图识字开始教他。谁知道他喜欢自己发挥，比如"广"字，有一次带他去广州的路上，他看着一个广告牌突然问我，7字反过来上面再加一点，是什么字？还有"出"字，他就会问你一个山顶住一个山的屁股是什么字？本来很简单的一个字，弄得我们都要跟着他的思维走，弄清他到底在讲什么字。也正因为如此，所以，他最初的写字，不叫写字，是随心所欲依葫芦画瓢地画字，而画字必然是不按笔画顺序的，比如前面讲到的"广"字，正规来讲，顺序应该是点、横、撇的，他则按照7字的相反方向来写，再加一个点，挺别扭的！

因为他在幼儿园是学写笔画的，大班最后两个月及学前班又是送他回莞城外婆那读的。一开始，我也没留意他这个习惯，等到留意时，他的习惯已养成了。忽略了儿子写字规范的教育，是我对他的教育最懊恼的几件事之一。整个小学阶段，他写作业都很积极，一直保持着放学回家的首要任务就是先完成作业，但是写字马虎也一直是他的顽疾！我知道正规考试字迹工整的重要性，对此也花费了不少的工夫，老师也是一直在警告，但收效都不明显。

　　直到有一次，语文老师忍无可忍地在他的作业本上批字：请把字的笔画搬到格子里！后面加了一个大大的感叹号。我看了都忍俊不禁！这小子，该痛下决心了！

　　经他同意，在小学六年级，我让他去参加硬笔书法培训，此后，写字乱的状况，才得以改进。

我第一个冲了出去

　　看到这个题目很容易让人联想到舍己为人、奋不顾身等描述某些光辉形象的词语。但这里我是现场录播儿子对一件事的态度。

　　儿子小学二年级的时候，参加莞城小学二年级数学竞赛拿到三等奖后，自信心爆棚。开始进入成绩好的学生行列。老师将附近的同学都编成学习小组。全班成绩最好的几个同学中大多数又恰巧都在儿子所在的 6 人小组里。所以，他们写作业、完成老师布置的工作等都是全班最快的，慢慢地，也让他们滋生了沾沾自喜的骄傲念头。

　　有一天，儿子放学回来后，很高兴地跟我说起了当天的一件事。今天快放学的时候，老师宣布说，明天学校要检查卫生，如果哪个同学自愿留下，放学后就帮助今天的值日生搞卫生。一听到老师的话，他们这个小组的同学互相望了一眼，立即不约而同地将身子倾向门口的方向，老师一说放学，他们马上冲出课室。儿子还得意扬扬地告诉我，我们全组跑得最快，我第一个冲了出去！我问他为什么要第一个冲出去？他说，老师又没有叫全部同学留下，只是叫自愿留下啊，我没有自愿那我不是快快走咯。看着他天真的笑脸，教师出身的我还真有点笑不出来。现在，孩子的人生观、世界观和价值观等还没有定型，如何引导他们的三观，还真不容小觑！我就慢慢跟他说，是啊！老师是叫大家自愿留下，可如果人人都不自愿，那班里的卫生岂不是……虽然也有人搞，也是值日生的责任。但是，班集体是大家的，如果人人都像你一样，对班集体的荣誉这么不珍惜，还行吗？一个人，除了自己的学习好，还要想着大家才行啊？我耐心地与他分析利弊，后来，他终于慢慢地低下了头，开始认识到自己今天的鲁莽。

　　作为一个自然人，也许我们不一定要把自己如何高尚挂在嘴边，但在行为准则里，必须要有别人的存在感，必须懂得维护自己所在的集体乃至国家的荣誉！这是做人的底线。

我不下地狱

面对天地人，每个人都应该对此有一种敬畏感。一个人如果对任何东西都没有了敬畏感，做事横冲直撞，就容易跌穿道德底线。

有时候，敬畏感也是一种约束力。记得儿子在小学的时候，有一天不知因为做错了什么事，我正狠狠地批评他，突然，他哭着说，我不下地狱！我不下地狱！我一头雾水，问他是怎么一回事？

原来，他六岁的时候，我曾带他去旅游。旅游中，其中有一个项目是去看人工模仿的"地狱"，我有意带他去闯了一回"地狱"。我自己看得都心惊胆战，他也很害怕。看到那些鬼神上刀山下油锅的模拟情景，他问我人为什么要"下地狱"，我笼统地吓唬他说，人不能干坏事，如果干坏事，以后就会下地狱的。他又问我，什么是干坏事？看他还小，解释太多他也未必能听明白，我随口就说，你不听大人的话，就是干坏事！说完，连我自己都忘了。谁知过了两三年，他还牢牢记住这句话。我忽然觉得，对孩子的直观教育，真真是渗透在生活的点点滴滴。虽然，我当年回答儿子的提问过于草率，但也没想到能起到另一种意想不到的效果。起码让儿子明白，人是不能乱做坏事的，否则，下场不好。这对他的行为准则起到一定约束力。因此，我就因势利导地对他教育了一番。

我不赞成，一些老人家晚上在哄孩子的时候，嘘嘘声地说，别吵！外面有一只猫或一只老虎，或者说，外面有鬼！让孩子对夜晚产生一种恐惧感。这样对他的健康成长会有潜移默化的不利因素，起码容易晚上怕黑。但是，一物降一物。如果能让孩子以某种物件对他的行为起到震慑力，这种潜移默化，有时候，就不妨尝试一下。

记得表妹的儿子小时候从澳洲回来，他最怕警察，如果他不肯吃饭，或者他母亲出去访亲探友将他放在家，他一想哭闹，你一说警察叔叔来了，他立马就乖乖听话，不敢无理取闹了。也因为他对警察叔叔有一种敬畏感，所以很好管理。

人可以撒野，偶尔可以放纵为之。但如果没有信仰，或对一种东西产生敬畏感，没有一种约束力，没有一个做人的基本原则，就容易脱离正常的人生轨迹。

关于隔代教育

隔代亲，自古而言。哪个父母不希望自己的孩子能得到家里老人的关爱？尤其是自己因工作忙而无法亲自带孩子的时候，更是希望自家老人能搭把手，帮自己渡过难关。

老人带孩子总绕不开"宠溺"二字。当然，任何事都没有绝对。溺的尺度，要看老人自身的素养和原有的生活习惯。

日子在不经意间流失，不知不觉中，儿子就到了3岁。在对儿子的教育方面，我与家婆的分歧渐渐变大。

家婆13岁嫁人，16岁生子，一共生育了7个孩子，37岁守寡，20多年间任劳任怨，又带大一群内孙外孙。她育儿经验丰富，对于小孩子一些常见的小病小痛，有她自己独特的一套办法。让我们省心不少。

儿子即将出生的时候，家婆就从老家赶来，整装待发地进入一级备战的状态。说句心里话，我也很感激家婆在我初为人母的日子，照顾我和孩子。不然的话，面对那一坨小肉团，我还真的不知该如何摆弄！

儿子一岁半时，我们调动来到新单位，为了争取表现，我对工作全力以赴而忽略了对儿子日常生活的关注。偶然中突然发现，儿子的教育已脱离了我原有的轨道。营养方面，每天我们还未下班，家婆要么就煎一个鸡蛋么就拿出老家带来的萝卜干，用水洗洗就撕开放到碗里，然后满校园地追着儿子喂饭。无论冬天夏天，一两个小时，天天如此，吃到最后饭已凉透。她不爱吃青菜和鱼，儿子也不爱吃。你说现在生活好了，孩子的营养要跟上，老人家却骄傲地说，我都带大了那么多个小孩，不吃不也都长大了？教育方面，你骂孩子她就说你是拐着弯来骂她，打孩子，她又嘶嘶地说，疼在她身上。

那时我们住在学校，她每天下午去打两壶开水。有一次，儿子还未睡醒，她就去打开水了，儿子醒来后，发现奶奶去打水没叫他，就一定要奶奶倒掉水，重去打过，不依他就胡搅蛮缠，直到奶奶将打好的水倒掉重新带他去为止。

又一次，我有事中途回家，发现家婆拿着一个小竹竿坐在家门口，一条腿抵在门边。屋内，儿子独自坐在一大堆玩具面前，在入神地拆拼一个新的机器人，而门外则站着几个平时与他一起玩耍的小伙伴，在伸长脖子盯着他在玩。我心里不悦，问老太太怎么不放小朋友进去玩。原来，她是怕小朋友玩坏了她孙子的玩具！

打那以后，我就动了让老人家暂时离开的念头。是摔跤一事让我下了最后的决心。

那是一个周末的午后，祖孙俩出去玩了，我们两口子在家。突然，三岁多的儿子大哭着冲进家门，急声说，妈咪快来呀，阿婆死了！我听了后脑勺都嗖嗖地发凉。我们马上冲下楼，在一楼至二楼间的拐角处，家婆斜靠在墙上，脸色土黄，额头鼓起了一个大包，嘴里不断发出呻吟声，不久前买给她过生日的一个玉镯，四分五裂地躺在地上，我吓了一大跳。我们急忙检查老人的身体，发现除了这些皮外伤没有其他问题，就把老太太扶回了家。儿子一直在旁边哭边说，对不起！对不起！我错了！我哭笑不得，问他究竟是怎么一回事？原来，他们祖孙从外面回来，上楼时，儿子说要背奶奶，奶奶竟然也让他去背。结果，儿子在背奶奶时，发现他根本就背不动，一怒之下，就将奶奶往后掀，奶奶始料不及，头就向后倒去并滚下一楼。我一边心疼地帮她擦药，一边责怪她怎能让他背。她说他想背啊。想背就让他背？我气结了。没过几天，故事又重演，儿子说要墙上挂钟上面的东西，年近七十岁的家婆又踩在一张折叠椅上，一不小心又从凳子上摔下来扭到了腰。

家婆对我儿子宠爱至极。甚至在一天晚上都十点半了，儿子说要玩泥沙，她"哦""哦"地立即拿铲提桶咚咚就下楼去找，我制止她都不行。我没好气地说，他要天上的月亮，你去摘给他吧！

人们常说，成人。成人是什么？成人的过程又是什么？除了与生俱来的秉性，成人的过程就是塑造人的性格之过程。我就这一个儿子，长此以往，他的性格扭曲后再纠正就难了！于是我决心自己亲自调教儿子。生而不教父母之过也。

那个夏天，儿子大姑刚好来我家探亲，我就将我的想法与她分析。在征得她的同意支持后，大姑与我一起劝说家婆，为解决她的后顾之忧，我们都承诺每人每月都给她一定的生活费。我对她说，您先回家帮帮家里的哥哥，等过一段时间，您再来住多久都没问题！

儿子四岁的那个春节，家婆终于同意先回家了。临走前，她逢人便说，我要回家了。一边讲一边哭，弄得许多同事都以为我与她有什么过节，让我好不尴尬！但主意已定。

家婆年轻守寡，因为怕被人欺负，性格有强悍的一面，这我都能理解。我们相处的几年，除了因为语言和生长环境不同，交流不多。但在吃住行方面，我都给予她最大的自由。所以，在我家的那几年，是她一生中不多的惬意日子，让她在余生中念念不忘。

所以她也有她幸福的"烦恼"，总与人叨咕，哎，不知怎么办？在家有得玩，跟着我七哥（我儿子）有得吃。所以，她对我儿子尤其上心，就连睡觉都不让我与他睡，我一把儿子带过来，她整晚都在那里故意咳嗽，儿子一听到她的声音，就要去找她，让我有时候心里都有点酸酸的。当然，这都是其次的问题。

最后，为了儿子，我还是忍受"忤逆之罪"，硬着心肠让她暂时回家了。

一年后，她再次来到我家住时，儿子在各方面都有了长足的进步……

电脑游戏这玩意

一说起玩电子游戏，不少妈妈就头疼不已。不给孩子玩吧，既怕破坏了孩子的天性又显得自己或孩子落伍了，给孩子玩吧，又怕孩子没个节制，更怕的是游戏像罂粟般的妖冶，吸引孩子成瘾，欲戒不得，从而荒废学业，影响身体健康。这或许是许多家长的纠结所在吧。

喜欢玩游戏是孩子尤其是男孩子的天性。儿子小的时候，为了与同龄人的交往有谈资，我允许和鼓励儿子接触各种游戏。从最初的拿在掌上的游戏机到插在电视机的"打飞鸟"、跳舞机到玩电脑游戏，儿子的游戏工具一直在与时俱进，不断升级。

有一天突然发现儿子粘着电脑的时间有点长了，我知道我该出面干预了。于是我与他来个约法三章，平时不能打，节假日休息在家，每天可以打两个小时。不管玩得如何，到时间就得停止，如不同意就不准再玩，其目的是让其养成一种自控力。他考虑到与其不能玩不如就此答应，说不定到时还能浑水摸鱼，于是就与我达成协议。

平时只要在家，我一直很认真地监督他。每次在他玩到105分钟时，我开始提醒他进入倒计时的时间，这种提醒，经常因他的欲罢不能而延迟，但是，哪怕是推迟一点时间，我也一定强制执行。直到他自己成为一种习惯。当然，他也经常会夹带一些"走私"行为，比如已到规定的时间，我刚好有事出去一下，或者正在打电话等等，他都会趁机贪污一些时间，只要不是太出格，我都装着不知道给予默认。

他高二高三的时候，不准玩电脑，也是每次开家长会班主任必提的例牌内容，老师对家长千叮万嘱一再反复地强调，在家千万一定不能给你们的孩子玩电脑，否则将如何如何，我心里对此有点不以为然。因人而异，水是只能疏而不能堵的。哪怕儿子高三高考最紧张的时候，我们家也执行休息日可以玩两小时电脑这一规定。哪怕是只休息半天，儿子也不会错过这两小时的福利。再就是我觉得，孩子辛苦了一周，放松片刻也是被允许的，既然他把它当成放松的一种方式。

我觉得这里面涉及的问题，关键是自控力。所谓自控力，顾名思义就是自我的控制能力。指对一个人自身的冲动、感情、欲望施加的控制。自控力因人而异，一部分来自先天，一部分来自后天的培养。是人都会有欲望、有冲动，但不是自己的每个欲望和冲动，都是能够实现和达成目的的，这就需要我们具备自我控制的能力。在孩子自控能力的培养过程中，父母作为孩子的第一任老师，尤其重要。如果孩子的自控力不好，管理的效果就会费劲而不讨好。

儿子小时候就是个鬼灵精，脾气又倔，想做什么事，就一定要达到，如达不到就大闹天宫。或者叫他做什么事，一不留神，你就会被他忽悠，比如叫他吃饭，你稍一转身，他就把饭碗伸向垃圾桶，然后只剩几粒饭粒就故意在你面前扒拉一下就说吃完了，让你哭笑不得。为了管住他的野性，因此我在无形中培养他的自控能力。虽然有时也防不胜防，比如那年他突然喜欢足球，有自己心仪的球队和球星，世界杯的时候，因为要考试又怕他熬夜，所以我不准他漏夜看球，谁知他棋高一着。在我进房后，他马上返回客厅说再上一次洗手间，然后快速打开电视机，将它调到静音和央视五就关闭，待下半夜快出结果的时候，他又上洗手间，顺便看看。一天早晨一起床，我说不知结果是多少，刚想打开电视，他立马脱口答出，所以才漏了馅。

读大学后，他远离家门，与一帮同学晨昏颠倒地看了一届世界杯。

儿子小学毕业那年，参加市妇联组织的去香港的夏令营，与香港霍霍有名的女童军联谊。他精灵古怪，笑话百出。带队老师给他的评价，最调皮的是他，最听话的也是他！很活跃，什么活动都敢大胆参与，但你一叫他别闹，他就立刻停了下来，静坐于此。

　　有时，我也在检讨，我当年对他的管束是否太严厉了，太乖的孩子会不会影响他的创造思维能力？离开父母的怀抱，他飞的会不会更高？

　　凡事两说。

　　一次外出乘飞机回来的时候，遇到一个老爷爷带着一个背着小背囊的小男孩，是个候鸟去深圳见父母。飞机起飞后，那小子就一直在飞快地玩"切西瓜"游戏，玩得风生水起，让人目不暇接，让左邻右舍连连赞叹。

　　我知道，这是一个留守儿童典型的范例。

成绩不一定非要排在第一

从读书的那一天起，在学习成绩方面，我对儿子的要求就是分数不一定要排第一，但一定要巴紧前几名的后面。

学习成绩不一定要排第一，当然，天才除外。那是根据我自己和曾教过的一些学生的经验，总结出来的。

记得我读小学的时候，成绩在班上也是数一数二的。那时的我，性格争强好胜，如果某一次考不过别人，我的心里就不平衡，有时甚至会产生一些负面影响。因为如果争惯了第一，偶尔一次争不到，心里就会愤愤不平，如次数多的话，心里的落差还容易引起一些暂歇性的心理阴暗。

再就是，为了保持始终站在顶端，身体和意志需要不断的拧劲，一个人过于争强好胜，个人认为，会直接影响到一个人的性格形成以及容易给身体的健康因素埋下隐患，成年后易患心脑血管病，这对一个人的成长是非常不利的。当然，任何事情都是两看，争强好胜的人，长大也容易事业成功，但也许成也萧何败也萧何。性格容易冲动，受到挫折时，抗压力不足，或者身体容易出状况。我希望儿子长大后有一个努力、坚持而谦和的心态去面对生活。成功的方式不止一种。

但是成绩一定要排在前几名的后面。这倒不是受了"凡成绩在10名左右的人，长大更容易成功"的观点的影响，而是觉得，孩子嘛，在现有的教育体制下，读书阶段不图成绩图什么？因此，虽不一定第一，但获得好成绩，那是必须的。如果平时一不留意考了个 100 分，那也是值得乐一乐的，不要泛滥成灾就好。就因为这个要求，所以儿子从小学到中学，尤其是小学阶段，除了放学回家第一个动作就是拉座椅做作业外，有许多富余时间给他从容地由着自己的心性去玩，很好地保持了自己性格童真的一面。

一直以来，儿子的成绩虽不是班上第一，但也是跟随其后，初中高中，都凭他自己的本事考上重点中学。

从小学到大学，他的学习习惯，是在最后的二十天或一个月才发力，都被他蒙混过关了。这也给他后来的学习埋下隐患，所以出国求学后，让他的适应期拉长了，但抗压力不错，隐忍和调整，成了陪伴他成长的法宝。

去开家长会

开家长会，是每一个为人父母者都绕不开的话题。从孩子幼儿园到高中，如果你一次都没有参加过家长会，不敢说你是一个失败的父母，但起码是不称职的。

其实孩子们对开家长会也是很纠结的，一方面很在乎自己在老师眼中的形象，另一方面又怕父母把自己在家的那一点糗事给抖搂出来，破坏了自己在老师心目中的印象。这是一般的孩子对学校开家长会而产生的矛盾心理。

但是，每周从周一到周五，孩子在学校的时间比在家的时间还多得多，所以了解孩子在校的表现，是每个家长必须重视的事。

说实话，如果家长将所有的教育希望都寄托在老师的身上，那也是不现实和不负责的。我也曾当过老师，最不喜欢听到家长的一句话就是，老师，我的孩子全靠你了！我们很忙或者我们不懂教。一个班级现在是三四十人，我们那会一个班基本上都是七八十人，严重超编的。所以，许多人都知道一个隐形定律，老师最关心的是两头的学生，即成绩最好的和成绩最差或最调皮的学生，中间部分，如无特殊情况，关注度就不是很高。教师也是人，在现有的体制下，要抓自己所教科目的成绩和本班的整体成绩，还要兼顾所有学生的成长，是有一定的难度的。

我当教师的时候，曾经在家长会上遇到过这样的事，一个平时表现正常成绩中等的住校生家长找我谈谈他儿子时，他问得很仔细但我只能聊一个大概，觉得很尴尬。那次以后，我就很留意这个学生的情况，后来的家长会，当我们再次互动时，看到那个学生的父亲脸上露出的满意笑容，我才松了一口气。从此也更关心其他学生的情况，以备学生家长的询问。

家长会一般就是由校领导或班主任介绍学校或班级的概况及考试成绩，然后就是给家长与老师互动。正因为我自己当过教师，所以第一次参加儿子的家长会时，我就有的放矢地向班主任和科任老师了解儿子的情况。第二天放学一回来，儿子就高兴地说，妈咪，老师今天表扬了好几个家长，其中也有妈咪你哟！

从此，他规定只能由我去参加他的家长会，虽然这种想法带有一定的虚荣心，但我还是给足了他这个面子，当然呵护他的成长，也是我义不容辞的责任。六年级最后一次家长会，我叫他父亲去参加，觉得他也应该关心一下儿子的成长。儿子开始不同意，在我的说服下，他答应让他爸去体验一次家长会。

谁知那天晚上他爸爸只带耳朵听完老师介绍后，就走了。当他打开家门时，我与儿子都热情地贴上去，我问他爸有没有找老师聊聊，他爸却淡淡地说，这么多人都拥上去，我就不凑这个热闹了。我听了很生气，儿子也对此不满意，觉得爸爸不关心他。沉思了一会，他就走到我跟前拉着我的手说，妈咪，别生气了，不要紧的，你放心！我在学校会好好学习，一定会考上东莞中学的！看着儿子这么懂事，我的心也就释然了。

当然，凡事都有例外。也不是每次的教师与家长互动都是愉快的。一次是在儿子小学的时候，我与他的语文老师交流时，我自责地说，我自己曾经也是教语文的，他也看了不少的课外书，不知怎的，他的语文就是不够理想！我当时是没有责怪语文老师的意思的，那是指语文相对数学、英语而言的，这两科常常得满分。但第二天，语文老师就在班上说，有一个家长说自己是教语文的，儿子的语文却不好，还不是怪我教不好？说完，就用眼睛冷冷地扫向儿子，霎时，全班孩子的眼睛也都齐刷刷地望向儿子，让儿子无地自容。毕竟孩子们对事物的分辨力还是有限的，老师的话就是圣旨。放学回来后，儿子很沮丧，说，妈咪，你怎么能乱说呢？全班都看着我，我今天好难受！我只能向他解释当时的情况，以求儿子的谅解。还有一次就是儿子初中的时候，那时刚好家里有点事影响了儿子的心情，一段时间里，他的成绩在下降。开家长会时我找他的物理老师了解情况，初二时也是这个老师教的，当时她对儿子的印象不错，谁知初三她则说儿子的理解能力不够好。我回去后，就直接将老师的话转述给儿子，儿子的性格很敏感，没想到从此后儿子对物理的感觉总是疙疙瘩瘩的，我心里很过意不去，如果我当时用婉转的口吻转告他并帮他分析原因，也许效果就会不同了。再一次是他高中的时候，当我向一个老师了解他的近况时，那老师的眼神是瞟的，还在跟我说着话，一遇到一位官太太家长，眼神就立即放光，热情洋溢地与她交谈而忘了是在与我说话进行时，碰到这么势利的老师，真无语！

自己的孩子终归还得自己管教。但是，孩子在幼儿园或小学低年级的时候，又喜欢以老师的话为最高指示的，"老师说的"，很容易成为孩子某个时段的口头禅。

这一点，我们家长倒是可以好好利用的。儿子读小学之前，最不喜欢吃的食物就是鱼，因此，我就偷偷去找他的老师跟她说明情况，然后就与老师在他面前"演双簧"，发现效果显著。

人家都没有这些艺术细胞

儿子小学那会，一些课外兴趣班已经开始时兴，我也想送他学点音乐、画画、书法什么的，熏陶熏陶，心想即使他成不了大器，起码也给他的人生打一点底色，让他的人生丰富多彩，弥补我当年的一些遗憾。于是，就与他商量，问他想学什么？美术？书法？钢琴？谁知他一样都不肯学，还哭着说，人家都没有这些艺术细胞，你还一定要人家学！好，本着平等尊重他个人意愿的原则，咱就做一个开明的家长，随你意吧。所以就顺其自然。他想学遥控车，就让他去捯饬捯饬，他喜欢超人，一有空就画超人机器人的速写，咱就图画本、铅笔管够。

五年级的那个暑假，儿子突然开窍一样，说想学习小提琴。我说你想学你就去学呗。虽然起步晚了一些，难得他自己愿意。于是，帮他打听哪有教小提琴的。随后，见老师、报名、去学琴等一切有关事宜，由他自己全权负责。从那以后，无论刮风下雨，到了学琴的时间，他自己就背着琴，骑着自行车去见老师。

据说，初学者中他是年龄偏大的，这可是个技术活，没有个三五年的童子功，很难上手。从五年级暑假到升上高一，经历了小升初、初升高的关键阶段，所以他断断续续的也没好好系统地学习，只沾了一点皮毛，最大一次的成就，就是在东莞中学百年校庆上，参加了一个百人小提琴演奏，滥竽充数了一回，也算给他自己的中学生涯留下一抹色彩。

琴虽没有学好，但无意中也培养了儿子对音乐的感悟力，他常常会沉浸在对某些旋律的感觉中，还能说出自己对它的理解。这也算是对他个人的生命质量来一点点小提升吧？

后来到了大学，他又缠上一个同宿舍的云南小伙子学吉他。大一寒假回校，他左手抱小提琴，右手用着吉他，就是一个文艺青年。

吉他相对容易学一些，在他基本学会边弹边唱之后，他的音乐梦想也基本告一段落。

一天，他将琴弦松开了，还很有感慨地写了一篇日记来祭奠自己曾经的音乐梦。

不曾想，他在大学毕业后的某一天傍晚，在饭后陪我散步的时候，我们母子两个有了以下一段对话：那时你为什么不强迫我学一两个爱好？你不是说你没有这些细胞吗？不是叫我不要勉强你做你不喜欢做的事情吗？那时我只是一个没有行为能力的人呀，你是我的监护人，不应该负这个责，承担对我个人的塑造吗？以后我有子女，男的要送他去学音乐，女的就送她去学舞蹈，不一定让他们在这些方面有建树，起码对他们将来感悟生活有一定帮助，女孩子学学舞蹈更有气质。

我晕。

同学第一次到家里来做客

住在高楼的城里人就像住在围城里，一般没什么事，回家就关门，谁也不串谁家的门。有时甚至都不知道邻居是干什么的，家里的摆设是怎么样的。最多的时候，就是在出门遇见时，礼貌性地点个头，问个好。

儿子小学一年级回莞城后，在家里，他的身边除了住在附近的表姐，没有其他玩伴。那时我们暂时住在我娘家。我们住在五楼，四楼家有一对小兄妹，于是，经过大人的牵线，儿子与那对小兄妹便成了朋友。基本上是儿子带着玩具上他们家去玩的。这种情况一直持续到儿子读四年级，我们搬了新家后。

有一天，儿子突然腼腆地对我们说，我想，我想请几个同学到家里来玩，可以吗？我立即说，好啊！欢迎。那是好事，都懂得将同学领回家里来玩了，一定得支持。

谁知他接着说，还想请他们在我们家里吃饭，还要……我打断他说，还有什么要求，你一次性讲完吧。结果他小心地看着我说，我的同学怕见到你们，不敢来，你们煮好饭后，是不是可以离开家，到同学走了，你们才回来啊？

喔，同学上门了，把我们扫地出门了？不过想想，儿子回城后从没有带过同学回家来玩，这是第一次。他说他诚意邀请了很多次，同学才答应的。所以他很郑重其事。那时的孩子不像现在这样，第二课堂丰富多彩，可做多元选择，假期独自在家的时间很多。

想想也是，小同学第一次上门，如果有大人在家，他们会觉得束手畏脚，不敢尽兴的。所以我们两口子商量了一下，就很配合地做好我们临出门的准备工作。搞好卫生，买好水果小食，做好饭菜，胡乱填饱肚子后，在儿子与小同学约定的时间前二十分钟，就匆匆撤退了。

那天，我们两口子各自在街上晃荡了几个小时，在与儿子约定的时间内回来了。

一打开门，家里一片狼藉，饭桌上残羹剩菜横七竖八地凋零着，食品袋堆满在垃圾桶里，客厅里，儿子平时喜欢的玩具悉数登场亮相，儿子自己坐在沙发上一脸满足一脸兴奋。我们几个钟头的劳累困顿和"委屈"，顿时消散了。

第一次出门去远行

儿子三年级的暑假，学校组织夏令营去庐山，他报名参加。因为是他第一次单独出远门，时间 7 天。我担心他的生活自理问题，不想放手，但是考虑到可以借此让他开阔视野，锻炼独立生活和与人交往的能力，最终还是答应了他的要求。

因为他从未亲自动手洗过衣服，临行前，我帮他准备了 7 条内裤和 7 双袜子。出门的前两天，开始训练他洗衣服。不过这次他们穿的是统一营服，一条写有特殊字样的大背心。

后来听说他是每天晚上都脱下来洗，但也只是放在水里随便揉揉就搭上衣架了，第二天又继续穿。

总之最后糊里糊涂就混了回来。这也算是一种进步了。

那天为他送行后，晚上回到家里，帮他收拾东西时，竟然在他的枕头下面发现了一张字条，上面歪歪扭扭地写道，如果这次出去有什么意外，请一定不要为我难过。妈妈，我爱你！

嗨，这臭小子！我鼻子一酸，眼泪就哗哗地下来了，唯有在心底默默地为他祈福了。

好在，他顺利凯旋。

那时候，数码相机不知是未诞生还是未普及，我们还帮他准备了一部傻瓜相机。回来时，两筒胶卷是全照完了，但是我也发现了一个奇怪的现象，就是所有相片定格的画面只有两种类型，一种是风景，一种是他的个人照，除了偶尔有零星人影充当他的背景，没有看到一张我想象中的同学间相互合影的照片，心里沉了一下。

虽然，夏令营里的孩子是临时组合的，各年级都有，而且还不同班级，平时关系不熟，孩子中有相当部分是独生子女。

是平时独来独往惯了？还是不懂得如何与人相处？

我的想法也从他的口中得到印证，风景是自己照的，人像是请人照的，他觉得很正常。

看来，与陌生人或陌生群体如何相处，还真是一门学问。独生子女在人际关系方面的培养，还真是得引起重视。

后来，当我看到他把秋游时的同学小组照带回来时，竟然比他自己还高兴！阳光下，几个孩子，男男女女，穿着绿色的运动校服，蹲挤在一起，金黄色的稻田是他们的背景。

9块只剩3块

儿子小学中年级的一天傍晚，我们家饭桌上刚盛好饭准备吃晚餐，突然，楼上的邻居来敲门了，说是有东西掉下来，要通过我们家的阳台去打捞。

我匆匆叫儿子先吃，我们就与邻居去忙活了。谁知待我们忙完再坐回饭桌，只见其中的一盘香肠炒四季豆已经是底朝天了，他也正在放下碗筷用纸巾抹嘴巴，说吃完了。见此情景，我倒吸了一口冷气，儿子，你怎么，怎么不留一点给爸妈呢？

儿子的行为，也让我想起了曾发生过的另一件事。

儿子五年级之前是在实验小学就读，午餐就在学校旁边的珍姨家解决的。与他一起搭餐的还有珍姨亲戚家的一对小兄妹，加上珍姨一家老少共有9人用餐。

珍姨是本地人，做菜还是按本地人的老习惯，都是小碗小碟的。那天儿子最早放学回来，珍姨就叫他先吃饭。看到桌子上有他喜欢吃的鸡翅，他马上就不客气地先开动了。等珍姨他们落座，发现碟里的鸡翅只剩下3块了。鸡翅是整个鸡翅中间的那一段，一共九块，珍姨原本是打算一人一块的，谁知他自己竟然吃了6块！

这件事让珍姨很不爽了好些天，天天都说逢人必说。让我好尴尬的同时也在暗自反思。

每个父母都爱孩子，尤其是独生子女，父母都希望把最好的哪怕牺牲自己也贡献给孩子。平时我们怕他营养不够，家里好吃的都让他先吃，有时候一斤排骨他自己吃了八成，剩下的才是我们两口子的。我们也觉得是心安理得，应该的，看着孩子在吃比自己吃了还高兴。但是如果没有一些正确的引导，儿子除了营养充足之外，品德什么的，就容易跟不上了。

因此，我决定与他好好谈谈。古代讲孔融让梨，现代儿歌唱"李小多，分果果，分到最后剩两个，一个大，一个小，大的送给张小乐，小的留给我自己"。让他明白，虽然他没有兄弟姐妹去分果果，但父母是爱他的，所以有好的东西都想让他首先满足。但他在分享父母之爱时也要学会爱护父母，关心别人，懂得谦让，学会考虑别人的感受，尤其在外面要学会礼让和收敛等。

打那以后，他开始留意别人的感受了，饭桌上也会谦让了。我们也在他学会照顾别人的情绪的时候让他更加感受到来自父母的爱。

他读中学的时候，如果他爸不在家，我忙的时候，就在外面打包回来吃，因为他每天还要赶着回学校上晚自习。

有一天，我刚把饭放下，他就拿起底下那个，说，我就知道下面那个饭盒是我的。我问他怎么看出来的，他说，妈咪一定是先装我的，先选我爱吃的，然后再选自己的。听了他的话，一股暖意涌上了我的心头，儿子懂事了，也细心了。

其实，先装给他，也是我，或许是每个父母的下意识的动作，就连我们自己都没有细想过的，儿子竟然感受到理解到了。

心安。

关于性和性别的教育

性这个话题，一直是大人们谈话间讳莫如深的，对孩子更是如此。所以我们小时候也就被动接受了许多"我是石头缝里蹦出来的""从妈妈的胳肢窝生出来的"等等美丽的传说。

我一直觉得，任何东西你对孩子越神秘，孩子就会越好奇。在这方面我一直持开放的态度。儿子一开始懂事，只要没有外人在，我洗澡时是打开大门的，换衣服也从来不回避他，直到他真正懂事为止。我一直认为孩子从小就应该接触"真人"，见惯不怪，长大后他对性对异性也就没有什么好奇感了。

他在读小学中年级的时候，香港正热播一部关于《生命的起源》的科教片，我那天刚好看到这个预告，电视台还鼓励最好是父母双方陪孩子一起看。

节目播出时，我们两口子就陪儿子一起看。节目从性生活开始，一直讲到孩子从母腹中出来的经过。我们一边看一边观察他的动静，一边轻描淡写地说，这是很正常的，每个人都是这样来的。不过到了什么年龄就做什么样的事，你现在还小，要长大以后才可以做这些事的。

平时只要有机会我们就不断地向他灌输这种理念，孩子对两性的话题就不感到那么好奇神秘了。

儿子小学高年级的时候，有一次，他两分钟前还很坦然地跟我聊天，等我一转身再进他的房间时，就看见他脸上的表情很不自然了，我感觉一定出了状况，就追问他，只见他扭扭捏捏地说，我可能生病了。我急忙问他怎么了？谁知他说，我的小鸡鸡旁边长了一根毛。我扑哧一下笑了出来，他焦急地说，我都怕死了，你还笑！我这才收住笑，很认真地对他说，这是很正常的啊，说明你开始发育了，他说，真的？每个人都是这样的啊？你也是这样？我说是啊你没见过吗？我也觉得好笑了，他有时会在我洗澡的时候，探个头问这问那的，说明他对我真的是熟视无睹的了。所以他在初中阶段除了跟几个"男人婆"是哥们，没有交什么异性朋友。

有一次，他回来告诉我说，今天我们几个人去了一个同学家，那同学家很有钱，他还拿了他家的黄片放给我们看，我没兴趣看，自己在他的房间看漫画书，外面传来咿咿呀呀的声音，他们都在笑，讲的时候，他一脸的坦然。

有一天，我早晨起来看到他换了裤衩，我拿起来一看，淡淡地说，遗精了？他说这个就是啊？我还以为是遗尿呢。

从此，每当晨起看到脏衣桶里多了一条裤衩，我就知道是怎么一回事了。儿子的坦荡和磊落，让儿子安全度过了青春期。

每当听一些同学或孩子同学的母亲，谈论这事，什么与孩子捉迷藏，问孩子孩子又不说，母亲们就偷偷去翻儿子的内裤等等的时候，我的心里一片坦然。庆幸自己的教育。

孩子长大后，正当我自我肯定对儿子在性教育的成功时，新的问题又出现了。因为"纯洁"，儿子是少惹了某些烦恼，但在他进入青年期后，遇到异性朋友的时候，他就不知如何相处了。大学时，因一次旅途，他邂逅了一场爱恋，女孩子第一次来他学校拜访，晚上女孩回校的时候，他竟然把女孩子只送到自己的宿舍门口！有时候女孩子闹一点小脾气，他除了大声吼，就不知如何处理了，完全不懂如何去呵护一份感情。

放假时，他与女同学一起候机回来时，需要买东西吃的时候，也不懂得"女士优先"的谦让而怜香惜玉。

反观他的一个发小，从小家长对他是粗放式的放养，只抓他方向性的教育。如功课、练字和责任感，其余的就任其发展，他可以在陪妈妈去开家长会时，当面与小女孩随便搭讪，与女同学的电话络绎不绝。"阅女无数"，成年后，他知道自己需要怎样的女人，很快就定位准确地在百花丛中找到自己未来的另一半。虽然这只是一个个案，但也很能说明一点，在我们对孩子进行性教育时，别忘了关注孩子的性别教育。否则，虽然，在孩子成年后会颇费一番磨难地自己成长，增长经历，然后才能弥补曾经缺失的教育。

所以说，性与性别教育，一样重要。

你知道我最怕你说哪句话

有一次跟儿子聊天的时候，儿子说，妈咪，你知道我小时候最怕你说哪句话吗？我摇摇头说不知道。他说我小时候最怕你说的就是，"我不爱你了"，或"我不要你了"。妈妈这样一说，孩子的心里就没有什么安全感，总担心妈妈会抛弃自己的。我惊讶地看着他，因为我还真的从来没有想过这个问题。

儿子小的时候，只要儿子不听话，我一拿这句话来吓唬他，他就会变乖了，然后，我会说"妈妈爱"。我发现了他的这个特点后，会经常把它作为一个对付他的撒手锏。

记得儿子三岁时的一个晚上，因为他的蛮不讲理，我批评了他以后就去忙其他事情了。结果，晚九点是他的上床时间，他等不到我的这句话，硬是气呼呼地不睡。

一开始，他奶奶来叫我，你去跟他说一声，让他睡觉。我觉得他太骄横，应该给他一点教训，因此没有过去。结果他在床上躺了两个小时愣是睡不着。还是他奶奶了解他，叫我过去解下他的"紧箍咒"。我马上跑过去，看他小脸憋得红红的，心一软，马上摸着他的头说，乖，妈咪爱你！没想到，几秒钟之后，他就睡熟了，气息也逐渐平稳了。

我当时暗自感到神奇和幸福，全然没有想到，自己该检讨些什么。我的无意之举，伤害了一个幼小而无助的心灵！虽然很多时候我也会用"妈妈爱"这句话来口头奖赏他。他读大学后，我们经常互发信息时，最后一句往往是以"妈妈爱""爱妈妈"来作为结束语。但是我从来没有辩证地看待过这个问题。没有考虑到一件事情的相反极端性。

　　曾经听专家说过，孩子在三岁以前，如果每天都能见到父母，长大后他的心理就会稳定踏实，孩子才会更聪明。

　　孩子虽然还小，也许还不能够真实、清晰地表达自己的思想，但他的心理、他的行动却能清楚地知道自己的内心需求是什么。而这些合理的心理需求，往往又是我们大人常常所忽略的。

妈咪，我长大要跟你结婚

　　妈咪，我长大后要跟你结婚。这是许多孩子在孩提的时候，都会说过的一句话。儿子也不例外。

　　因为我们这一代生长在"文革"这个特殊的年代，所以，虽然爱自己的父母，但父母因为工作忙，运动太多，大环境里讲求的是无产阶级的朴素感情，对所谓的"封、资、修"等之类的东西是很抗拒的，所以容易忽略了孩子们对感情的需求。因此，父母和孩子之间，在感情表达上总是有一定的疏离感。

　　对这种情感上的缺憾，我不想延伸到儿子的身上。儿子出生后，我比较注重与儿子情感上的培养。"妈咪爱"这个词，我屡讲不厌，儿子也很回应我。母子互动也成为了一种习惯，哪怕是因为他不乖，我教训了他以后，结束语都是妈咪爱。如果有哪次我忘了说，他都会用行动做出不依不饶的。

　　五岁的时候，有一天他看完电视就对我说，妈咪，我爱你，我长大了要与你结婚。我笑着问他为什么？他一脸稚气地说，电视说，一男一女相爱了就要结婚，要与自己最爱的人结婚，你是我最爱的人，所以我要与你结婚呀！这是什么逻辑呀，我笑到气结。然后才告诉他，妈咪对你的爱和男女之爱是有区别的。结婚是爱情，妈妈对孩子的爱是亲情，大费周折地与他解释了一通，他才懵懵懂懂地一知半解，而不再纠缠了。

但是，这并不影响我们之间的亲情互动。

孩子们对爱的理解是片面的、阶段性的。

记得有一次，几个发小带着孩子到访。几个小屁孩躺在我家的地板上谈论起关于爱情的话题来。甲说，一男一女长大了，才可以结婚的。乙说，两个人结婚一定要有爱情的。丙说，当然了，没有爱情怎么可能结婚，很痛苦的。看着这几个小屁孩这么认真地讨论这么沉重的问题，我们几个大人听了都觉得哭笑不得。谁知孩子们说完不久就忘了。等他们年纪大一点的时候，再问他们，他的还根本都想不起来有这等事发生。

每个年龄段的孩子，对爱的理解都是不一样的。爱情是什么东西，都弄不清楚。孩子们口中的爱，都是从多媒体的信息中得来的，人云亦云，鹦鹉学舌，与我们大人想象中的爱是不同的，没有确定性和时效性，家长不必太当真，更不必谈爱色变。

当然，家庭不是单位，需要营造一种氛围，一家人相亲相爱，相互包容，让每一个家庭成员感受到自己的被需要和需要别人，也许是很多人心中的向往。

哼唱摇篮曲

孩子对感受事物的能力，是非常强的。

很多时候，孩子在几个月大的时候，我们会认为孩子的脑子是不可认知的，他们不会明白大人在表达什么的。所以喜欢用单词向孩子解释周围的实物，如车车，饭饭，花花等等。一开始，我也相信这一点。

其实，孩子对周围的感知，虽然有限，但也蕴涵着无穷的想象力和爆发力。

小时候，我们在海南，农场的托儿所里的摇篮，都是用两条长木条各自被一条粗绳固定着，绑在屋子上方，两条长木条上放着一排竹制的摇篮，孩子们全被放在竹篮里，摇啊摇。

在家里，单个的时候，摇篮就用三条绳子固定，三条绳子的顶端用木叉做一个钩挂在从屋顶上延伸下来的绳索上。

儿子也是睡摇篮长大的。一岁前，每当他吵闹或想睡觉的时候，我就把他放在摇篮里。一边还哼着小曲。不管他有多吵闹，只要放在摇篮里摇啊摇，一听到我在唱歌，他就会定下来，静静地听着。我最喜欢唱的两首歌一是那时风靡一时的那首朱晓琳演唱的《妈妈的吻》和另一首《摇篮曲》。《摇篮曲》我是从当时的小朋友那学唱的，"风不吹，树不摇，鸟儿也不叫，小宝宝，要睡觉，眼睛闭闭好"。我唱的时候，喜欢将"小宝宝"唱成"我津津"。没想到，孩子一岁会讲话后的一天午后，他在厅里与几个比他大的孩子在玩具，我躺在里屋的床上。几个孩子在唱这首摇篮曲，突然听到他也在哼。别的孩子在唱小宝宝的时候，他自己在一本正经地将"小宝宝"唱着"我津津"，我惊讶地从房间走出来。我记得我从没有教过他唱这首歌，而且他是一字不漏地将整首歌词唱了出来，盯着他，我觉得生命太神奇！孩子真的是不能糊弄的，他在学讲话之前对周围感兴趣的东西，已经有记忆了。

所以，孩子还没学会讲话之前，家长应该有意无意地灌输一些基本常识，不断重复来刺激他的大脑皮层以增强他的记忆。

童年的记忆是深刻的。我也没有想到，睡前听妈妈唱歌，已成为儿子"夜不能寐"时的习惯，有催眠作用。在他成长的过程中，每当他遇事睡不着时，他都会说，妈咪，唱歌。

记得他高考的前一夜，因为对未知世界充满期待，他的内心很兴奋和忐忑，睡了很久都翻来覆去地煎咸鱼。我走进他的房间，慢慢抚摸着他的头，轻轻地唱着《摇篮曲》和《妈妈的吻》。"在那遥远的小山村，小呀小山村，我那亲爱的妈妈已白发鬓鬓，过去的时光难忘怀，难忘怀，妈妈曾给我多少吻，多少吻……"不一会儿，儿子就随着这个轻柔的旋律，慢慢地进入了梦乡。

爱上阅读

回城后，儿子的野性慢慢减少。

小学二年级，有一天儿子忽然开了窍，说想去书店买书。我屁颠屁颠地马上带他去了新华书店。谁知他在书店里转了一圈后，眼光落在了一本厚厚的书上，脚步立定了。我的妈啊，他第一本书看上的竟然是《中国古代帝王的故事》，我说你会看吗？咱买一些别的，他态度坚决地说，不，就要它！我只得乖乖地去付了钱。

回到家后，他一改往日的调皮好动，开始静下来"如饥似渴，废寝忘食"地读书。后来，还把一套上下五千年的中国古代历史读本、《孙子兵法》《战国策》《三十六计》《四书五经》《安徒生童话选》（均为全彩绘本）等书籍，全都请回了家。

也许，真的没有两头利。虽然他把这些书统统看完了，但对他三年级后的作文，影响似乎不大，他写的文章也不见得有什么出彩的地方，语文成绩一直到他小学毕业，相对数学、英语而言都是弱项，数学、英语，他可是满分或几近满分的。小学升初中时，他还因为语文丢几分，差点挤不进当地最好的中学。

但对中国古代史的编年史，他却是了如指掌，你只要讲出哪个皇帝的名，他就知道是哪个朝代的。或者你讲出那一年，他就可以告诉你，那是哪个朝代的，皇帝是谁，那段历史中国出过什么大事，他都脱口而出。

那时，电视剧《三国演义》正在热播，剧中的那些人物关系，我都要听他一一给我讲解。

三年级的寒假，他与父亲回广西老家过年。

回来后在饭桌上，他正儿八经地说，老家那个县的县长，真应该好好学习一下管仲，改革开放都那么久了，家乡还那么落后！那一脸忧国忧民的小模样，令全家喷饭。

那时，我与他爸爸经常因为他工作的事情闹意见。有一天，他突然拉着我，跟我讲了一个覆水难收的成语故事，大概说的是当年姜子牙成名前，他老婆曾经经常埋怨他一事无成，后来还休了他，自己回了娘家。姜子牙不为所动，还是用直鱼钩去钓鱼，后来受到赏识当了宰相，他老婆又想回来找他，他将一盆水倒在她跟前说，泼出去的水，是收不回来的，即覆水难收。因此，叫我对他爸爸要忍耐还要等待。

当时听完后，我就惊讶不已。覆水难收这个成语，虽然早就听说过，但它的出处，我还真没有考究过。尤其儿子那句"要忍耐还要等待"一直到今天还让我记忆犹新！

一个小学三年级的孩子，竟然对一本成语故事看入心了，并且还学以致用地抓住了重点，反过来教育我。

多年过去以后，再回过头来慢慢细嚼这小子的话，还是觉得很有意思的。

大量的阅读，当时看似对他的作文帮助不大，但对他整个生命的质量，是有一定的影响的。

虽然后来他学的是理科，但在一堆理科男中高谈阔论古今历史的时候，他为自己增加了许多谈资，从而增强了自信，也在处理生活中出现的问题时，能有大局观。

因为我也曾有过这种感受

小学四年级的一天，儿子突然发现自己的 200 元午餐费不翼而飞了。

而同桌那两天又恰好一改平时的窘境，像暴发户似的在同学中频频请客，他也在被邀请之列。他把这种异常情况及自己丢钱的事报告了班主任，并提出了自己的疑问。

老师经过暗中调查，还真的查出了儿子的午餐钱就是这个同学拿的。经过老师的教育和协调，这个同学在答应分两期把钱还给他的同时，也提出了一个小小的请求，就是叫老师和儿子不要在班里公开这件事，他们答应了对方的要求。

他回来跟我讲这件事的时候，我问了他，是为什么？他转身说，对方不是故意的，我理解对方，因为我也有过同样的感受。

我舒心地笑了。

那是儿子二年级下学期的时候，我们还住在我娘家。我爸平时是不管钱的。一天他悄悄地告诉我，他仅有的 500 元私房钱少了。

一开始，我也没往儿子那想，但是家里当时又确实没有其他人。于是，我轻轻问他，你有没有见到外公的钱啊？他当时很肯定地说，没有！

任我怎么哄他、诱惑他，他都是两个字，没有。我没辙了，就向他保证说，如果你自己说出来，我坚决不打你。

　　在我的再三保证下，他终于说了出来，我开始只是猜测，一听他真的说出来，我的肺都快气炸了！伸手就想给他一巴掌，他马上盯着我说，你说话不算话！刚刚还保证说不打我的！我伸出的手停在了空中，但脸上挤出的笑比哭还难看！我的儿子是小偷！我的儿子竟然成了小偷？

　　我继续问他，钱拿来干什么了，他说请同学吃东西和买机器人了。

　　一番教育后，他也保证说，以后再不敢了。外公也说算了，下不为例。

　　我警告他说，如果再发现这样的事，我就告诉老师听。他那个年龄段，是最怕老师的，老师说什么都是对的。

　　没想到几天后的一天，我下班刚进门，就看到他行色匆匆地从外公的房间闪回了我们的房间。一见到我，他有点慌张，我马上喝住他，问他干什么，他不吭声，我马上叫我爸去检查一下看看有没有又少了钱。果真又少了一百！我马上从他身上搜了出来，这下我真的气坏了！拿起一根鸡毛掸就打了起来，一边打还一边看看哪里下手不伤着他。打完后还叫他跪下来。

　　我们娘俩都哭了。突然，我被他的申辩震撼了，他一边哭一边愤恨地盯着我说，你从来都不给我一分钱！其他同学经常买东西吃，我只有看人家吃的份！想买什么都买不了。

　　夜里他睡着后，看着他脸上的泪痕和脚上道道的伤痕，我又心疼了，流着泪为他上药。

　　我不断检讨自己，他说的没错，他都二年级了，我从来没给过他一分的零花钱，总觉得天天跟他在一起，他需要什么帮他买就好了。没想到，孩子也是有需求的，也需要有自己的空间。因此，偶然发现了外公的私房钱，他就动心了。他拿钱的目的，就是为了满足自己买东西的欲望，同时也可以偶尔适当在同学中请客，拉近同学间的友情。我却忽略了这一点，孩子也是需要学会交际，学会与人相处的。

　　就像许多有偷窃行为的人，一开始行窃，也许并不是他们的初衷，但偷着偷着，就变味成瘾了。

　　我在思忖，这件事究竟要不要告诉老师？我一直犹豫着，告诉老师，一来怕老师刚刚建立起来对他的信任，会受到影响，而评不上三好学生；二来怕同学们知道了此事，会让他今后抬不起头来。

但是，为了让他更有利的成长，我决定还是向他班主任如实反映，以争取老师的配合。我叮嘱老师，为了他的成长，一定要悄悄地进行。并告诉老师，他平时最重视每周一次的校长广播讲话。老师抓住了他的这个心理，对他进行了严肃的批评教育。老师对他说，如果你妈妈再投诉你拿外公的钱，我就叫校长在广播里点名批评你，让全校都知道这件事。他真的怕了。药，虽然是猛了一些，但很管用。

那个学期他真的没有得到"三好学生"的奖励。虽然我和他的心里都不免有些失落，但比起对儿子的品德铸就，我觉得这才是更重要的。

我在家里也改变了做法，每个星期都给他一定的零用钱，还要求他一定要用过年的红包，将钱还给外公。一开始，他哭着舍不得地说，外公都说算了。我说不行！

从此后，他再也没有出现过类似的事情。也就有了文章一开始，他对同桌的说法。

你为什么不问问我迟归的原因

　　儿子读初二时，一天晚上，下晚自习很久了，按常规，他应该回到家了，但迟迟不见他回来。我不免为他担心，总是不安地从窗台望下去。许久后，才见到他的身影。他一进家门，我劈头就问，为什么那么久才回到家？他没有像往常一样对我露出微笑，而是板着一张脸，一言不发。我看他不吭声，就气愤地多唠叨了几句，他突然撇嘴说，你是我妈，只看到我迟归，就知道自己急，为什么不问问我迟归的原因？我现在的心理还急需别人开解呢！我的气，立即偃旗息鼓了，连忙问他，发生了什么事？

　　原来，晚修后，他们几个家住附近的同学一起搭伴回家，行走到中医院旁的河边林荫小道时，河对面有一束激光的红光点照射到他们身上，他们本能地问谁，是谁乱射人的？结果，河对面立即走来一群与他们年龄相仿的学生，戾气十足地问，刚才是谁骂的？估计是附近二中的一些调皮捣蛋的学生，他们几个同学知道这可能是一些惹不起的人物，便低头不吭声了。谁知道这几个学渣，竟然说，不说？你们互相用巴掌抽脸吧！见他们不动手，几个人围住他们，开始抽打他们，并继续逼他们互打。与其被他们打还不如自己人互打，于是，他们几个人含着泪互抽着对方。听到这么侮辱人格的事，我心如刀割。但转念一想，事已发生，孩子的心灵已受到伤害，我不能再骂他，只能温和地安慰他开解他，那晚，我一直陪他，直到他安睡。

　　我当时想，那时如果去找学校，也不知道是哪个班的学生，到时候动静太大又查不出，对孩子更不利。孩子还小，如果那几个孩子反扑报复，麻烦也许更大。于是，我告诉他，我们先按兵不动，如果再碰到这种事，一定要告诉家长，我们出面去找学校交涉。

　　再思量，也好，孩子总不能一直在我们的护佑下生活，什么意想不到的事都可能发生，让他在突发的情况下，遇到这些事，增加一些阅历也好。我内心里还有一点私心，就是怕他对付不来这些痞气很浓的人，对自己造成更大的伤害，生养一个孩子不容易，宁可让他吃些小亏，也要让他知道，社会还有一些阴暗面，不是我们眼中看到的都是美好的东西。

　　虽然经过我的劝解，将儿子的心理伤害降到了最小，但这件事一直在我心里如鲠一般。

　　我也曾检讨自己，孩子有一些反常的现象，我们做父母能否先了解孩子究竟发生了什么事，而不是不分青红皂白就来一番训斥。

什么时候不迟到，你就进步了

初中阶段，儿子最大的毛病就是：爱迟到。

与小学相比较，他松懈了许多。从小学四年级开始，他是自己骑自行车去上学。小学的时候，他调好闹钟，每天早上，只要闹钟一响，他就弹簧式地跳起来。上初中后，一是变懒了，晚上磨磨蹭蹭才睡觉，早上自然起床就晚了。不知从哪学来的，醒来后，他不是马上起床，说是要给自己的脑袋清醒一下，才能起来，要保护好头脑。这也与他的性子有关，慢悠悠的。不急不躁。

初三时，班主任是李老师。李老师来自湖北，脸上总是带着笑容。对他一直很关心，每次小测试出现问题的时候，李老师都会主动找他谈话，鼓励他。李老师经常在班上表扬鼓励他，让他有一种亲切感。

但李老师最头疼的也是他的迟到问题。李老师记住了他的一句"名言"，良好的作息时间是取得好成绩的重要保障。如果有一段时间，他迟到少了，她就会说，你们看津津，他这段时间没迟到，成绩是不是稳定很多？每次李老师重复这些话的时候，她都会信任地望着儿子，班上同学的一双双眼睛也霎时望向了他，顿时，儿子精神抖擞起来，觉得自己成为了大家的榜样。鼓励多了，儿子自己都不好意思迟到太多了。

中考的前几天，李老师又把他叫出去，满怀信心地对他说，临考前最重要的是要调整好心态，我绝对相信你，我曾对某某的母亲说，某某与津津最大的区别就是津津很有自信！

他也对李老师说，李老师不用为我担心，I can！

一个人，在他的求学过程中，能碰上一个了解自己，对自己上心的老师是不易的。

护眼与长个

当代的孩子，总体来说，个子的平均值，比我们那个年代的人，高出很多，但眼睛的近视率，却比我们那个年代也高得多。

儿子高考的时候，体检时，全班只有几个同学不近视，儿子就是其中的一个。所以，其他同学开玩笑说他们是"国宝"，珍稀动物。

一直到现在，因工作性质，儿子的视力有所下降，但是，仍保持在不需要戴眼镜的水平。

因人而异吧。儿子对视力的保护，可能源于他从小就不是死读书的人，及时调节；还有就是从小学二年级起，我都坚持每天给他吃一粒富含 VAD 元素方面的鱼油，对护眼和健脑，有相应的辅助作用，一直坚持到他出国留学。当然，也许这只是个个案。

顾此失彼，眼睛方面是注意到了，但个头方面，却是我一辈子的遗憾！有时真想将他揉小，让他重新长过，但错过就是一世。

从父母的基因遗传学来看，长成 170 的个头也是可以接受的。但如果按照当代人营养学的角度来看，假如能够在适当的时候，做出相应的努力，绝对有可能再蹿高几厘米的。

儿子的中学阶段，因一些客观原因，我忽略和错过了儿子身体发育的最佳时期，没有从营养及运动关节等方面对他做一些后天的补救工作。等我意识到这一点，为时已晚。

所以说，无论身体和性格的形成，作为父母，都应该在关键点，在孩子的最佳成长期，都应该到位，不可缺席，陪伴孩子的成长。

否则，空留遗憾。

我想"除副"

刚迈进高中，儿子就有过一次竞选班长的机会。

开学初，班主任暂时选定他为副班长，班长是一个女同学。学期中，老师组织了一次无记名投票，重选班干部。

儿子也在积极做准备，参加竞选。每个职位是定点定人选，即针对某个职位参与竞争。

竞选班长时，儿子上台发表竞选演讲，一开口就幽默地说，我想"除副"。立即引起全班的哄堂大笑！那是因为，那时他本身就是副班长，所以，想"除副"是很正常的，再就是，是如果从粤语的角度来讲，"除副"与粤语中的"除裤"（就是脱裤子）是谐音。而且，他本身就姓徐，"徐"与粤语的"除"也是谐音，好像是想自己一样，他幽了自己一默。

竞选结果，如他所愿，他真的除副了，真正当上班长了。

他开始学做班里的管理工作。"履新"一学期后，他就回归"百姓"了。

这是儿子学习生涯中，为数不多的"当官"经历。

儿子从小对权力的欲望不强。崇尚自由自在，认为做任何事，顺其自然就好。

所以，从读大学开始，他就没有打算毕业后进入机关事业单位搞行政工作的愿望，希望在企业做一些实操性很强的工作。

人各有志，开心就好。

高考放榜的那个黄昏

2005年6月27日的那个黄昏，对我和儿子来说，也许是一个永生难忘的日子。那天黄昏，是高考放榜的日子。

大约下午5点15分，电话响起，是儿子一位初中同学的来电，他高兴地对儿子说他考了690分。儿子很替他高兴，一是好朋友考得好，二是初中时儿子的成绩比他好很多，又听说今年的高考比模拟试卷容易，那自己岂不是……? 儿子心里不免有些雀跃了。6点正，他的发小铭来电话，说他得了715分，儿子就更迫不及待地想知道自己的分数了，因为两次模拟考试，儿子的发挥都比铭好。于是，就拜托铭帮他查分数。

当时我已回来了，他爸在厨房做饭。我们母子俩翘首以待，等待好消息的来临。蜂鸣般的信息提示声终于响了，那是儿子特意调的。不曾想，冰冷的手机屏幕上只显示了"658"这几个数字。儿子完全懵了。

后来他在日记中写道："……一股凉意刷地窜到我的脑后，我打电话向铭确认了分数后，手瘫软在椅子上，然后我起身视线模糊两耳嗡嗡地走到沙发，瘫倒在母亲身上。耳里很模糊地听到母亲在哭喊：'怎么会这样呢？怎么会这样呢？……儿呀，妈妈不怪你，你尽力就行了……'母亲的手温柔地放在我的泪脸上，我好像在说：'妈妈，我听不见，也看不见东西……'父亲从厨房探出头来问是怎么一回事，这时，我才逐渐清醒，那个场景从此被我的魂深深地植入。"

我想也许在很多年以后回忆起当时的情景，我和母亲会心酸地笑着，不过可以肯定的是，在很多年以后的某一天，我仍会对母亲感到愧疚。"

事情往往就是这样，用力过猛的东西，摧之更甚！儿子知道我把希望都落在他身上，希望用自己的努力给我带来一些光明，一点希望。所以比我更希望自己变得强大！

那一年，理科高考重点本科线是 636 分。据说，广东是第一次自己出高考题，题型的深浅拿捏不好，没有设置一些难题让一些尖子生脱颖而出。

儿子的数学从小学到高中，从未差过，即使在竞争最激烈的高三，无论深浅，他与个别极少数的同学一直保持在同一个水准。数学老师曾亲自当他的面表扬他，你的数学很稳定。即使，高考，也考出一个不错的分数。本来综合科也是他的强项，模拟试时，他甚至还拿过全级第二，他们学校可是省重点中学的。但高考综合科却遭遇滑铁卢！

他们班在高二分班时，是三个物理班中，实力最强的班，但高考几乎"全军覆灭"，没什么同学考到最理想的成绩。高考过后，他们班有不下十个同学选择了复读，我也希望他复读，他坚决不同意，说接受命运的安排。

第二年，他们班复读的同学都考上 700 分以上，还有人考过 800 分，本硕博连读，那是后话。

说到报志愿，原来儿子也是自信满满的。他是再三权衡后为了读到心仪的专业，才把第一志愿放在既是 985 又是 211 工程的天津大学，第四志愿是看也没看，就写了南昌大学计算机系的软件工程专业，这是他报的唯一一个软件专业，结果，后来却成了他一生为之奋斗的行业。

说来也好笑，铭在报志愿时，曾问儿子第一志愿报哪？儿子说天津大学，铭立马说，我也报，结果，铭真的读了天津大学。

儿子高考的失利，一直让我耿耿于怀。儿子进入大学后，早已适应也接受了命运的安排。当我一提这事时，他反而劝我，事在人为，哪都一样，看你自己的心态。

其实，意料之外的失败何尝不是另一种精彩呢？儿子高考放榜的那天晚上，我做了一个梦，我走在一个上坡的路上，不慎被玫瑰刺了一下，我倒退了几步，却意外地发现还有另一条更宽敞的路通向一个百花园。

隔天一早，我把这个梦境告诉了儿子。

其实，即便不知道这条路会否与原来想走的路一样宽广，只要有信念，就能找到通向属于自己的百花园。

青春飞扬的大二生活

上大学了，儿子倍感兴奋，终于可以挣脱鸟笼，飞向更广阔的天空。离开家人的呵护，放下高三沉重的学习。审视过去，寄望未来。希望自己如不死鸟一样，在烈火中重生！

虽然，高考不尽人意，但儿子是带着一颗热切的心，走进大学的。

大一的学习生活，是新鲜的，因为没有了高三时沉重的学习负担，儿子开始狂热地参加各种社团活动、学吉他、考英语四级等。大二开始，儿子终于由浮躁回归理性的大学生活，沉下心来，开始思考自己的方向和内心的需求，按照自己的意愿努力学习了。成绩是必须拿下的；英语六级必须通过；良好学习必须有好的身体支撑；曾经的自己，心理需要调节，更是为了使自己在未来的竞争中，懂得调节自己的情绪，于是，儿子选择辅修心理学，懂得一些营养学知识，尽管只是一些理论上的皮毛，但不妨碍儿子，为自己设定打造一个全新的自己的计划。

大二，是儿子四年的大学生活中，最出彩的一年。

一周从星期一学到星期日。周一至周五，正常学习功课；周末参加辅修心理学的学习；傍晚，驰骋在绿荫场，挥洒汗水；晚上去图书馆与书籍相伴。像一匹动力十足的小马达，不知疲倦地轮轴转。

那一年，儿子将精力都用在各种学习的兴趣上，在各种学习场所、考场，来回奔波。像一块海绵不断吸水，让源源不断的知识，导入自己的脑袋，充实自己的内心。

　　那一年，儿子战绩彪炳。一次性顺利通过英语六级考试；考到江西省第一批营养师的称号；获得国家心理咨询师三级资格；学习成绩全班第一，获得学校特等奖奖学金，并因这个成绩获得第二年公费赴印度实习的机会。

　　最重要的是，让儿子重塑自信心，明白只要自己有目标和方向，不懈努力，就可以达成心愿。

　　人的一生，真的要有几次"奋不顾身"的努力，以实现自己人生的价值。儿子的大二生活，不仅是他自己，也是我最喜欢回忆的一段暖心日子。因为那一年，我为儿子的充实生活充实着。

　　那一年，他青春飞扬。

出国留学

每次有人向我讨教，出国留学的事宜应该如何办理的时候，我都一脸茫然，不知如何回答。因为，除了帮助儿子准备钱及买东西，其余的，都是儿子自己去办的，也没有请中介。

话说回来，虽然儿子有许多事是家长直接参与的，但回想一下，儿子人生中几个重大的节点，都是儿子自己解决的。小学升初中、初中升高中，都是他自己考上重点的，没花多余的学位钱；出国考雅思是"裸考"，出国留学也是没有经过中介，自己找学校、自己去办证；自己应聘工作等，都没有花我多余的一分钱。当然，这本是正常不过的事，相对于一些孩子，需要家里的助力才能达成目标，儿子则通过自身的努力，完成自己关键的几步，我还是很欣慰儿子能自立的。

出国留学，在现今，尤其是东莞，是再寻常不过的事。只要有钱，再通过中介，很少有行不通的时候，出去后能否学成，就要看个人的造化了。

出国留学，当年最热门的国家，当属美国、澳洲，儿子也很想去这些国家，但为了不增加我的经济负担，他把目光转向了德国。首选德国，对日耳曼民族具有浓厚的兴趣，觉得日耳曼是个优秀的民族。他从小就希望着，有一天能踏进这个国家的国土，亲身体会这个民族的优秀。

上网搜索，他才发现，德国这个欧洲的发达国家，是实行终身制义务教育的，不收学费，只负责生活费即可，与他的理想一拍即合。

大四以后，在继续读研还是出国深造上，他自己进行了反复的比较，也曾经征求过我能否支持他出国留学的意见。

儿子自己要求上进，为娘的怎好拉他的后腿？于是，我说，只要你想去，只要你能去，妈妈就一定想尽办法全力支持！

解除了他的后顾之忧，他就全力以赴地找学校，去北京德国大使馆面试，四处投递申报学校，终于被一所大学录取。据说，这个学校他选修的专业，在德国是数一数二的，让他对此充满了期待。他独自完成了出国留学的全部准备工作。

德国人在世界上是以严谨、诚实、刻板著称的。记得听过一个这样的段子，做生意时，一个人，拿着自己的产品即演示又说得天上有地下没的，这个人是美国人；一个人，拿着自己的产品，把它说得天花乱坠的，这个人是中国人；一个人，拿着自己的产品只演示，然后两手搭在胳膊，你爱要不要的，随便，这个人就是德国人。德国人实在，产品也过硬，但不善于宣传。

儿子留德几年，最大的收获，除了隐忍坚持，就是德国人的认真劲。德国的大学是宽进严出的，学习崇尚的是开放性思维，但对作业的要求是精准到几时做几时交，不交一次怎么罚，不交几次就取消成绩等，都有明确的规定。

考试也没有规定的范围，有时是笔试，有时是口试。儿子也从开始的不适应，到感觉很好。学校严谨的治学态度，夯实了他的学科基础。让他在今后的工作中，不会因为知识更新太快而处于被动的状态。当然，让自己不被淘汰，不断学习充电，才是不变的原则。

还有就是学车考证，虽然学费不菲，但很实在，直接带你上路，边走边学，一个动作不断重复，是绝对不允许偷工减料的。

其实，儿子在国内已拿到驾照，但学习的时间，一分都不减。德国人相信，不断重复一种动作，久之，就会成为习惯，因为危险来临的时候，许多人潜意识里就会按习惯的动作去做，这样才是对生命的负责。遇到车多时，每个人都自觉按照插花的形式，即左一部，右一部穿插交替进行，所以，德国很少出现塞车的情况。

儿子印象最深的是，学完了全课程，准备考试了，儿子按约定的时间前往，上车前，监考官突然发现，儿子没戴眼镜，因儿子报名时，是注明戴眼镜的。但考试时却没有戴。其实，儿子并不近视，报名时戴的眼镜近似平光镜，他随手写上了配带眼镜。所以，他这次的考试取消了。儿子说明情况，并说自己已经买好机票，马上要回国，希望能得到通融，一样无济于事。德国的严谨作风，儿子可是实实在在地领教过了。

也好，从此，儿子做事的风格更严谨了。

德国的升学，不需要考试，但继续深造，各科的平均分，必须设置在规定的范围之内。儿子的分数，已在读博的范畴，但因为没有找到自己心仪的带项目就读的专业，又不想读"纯博"，即没有项目的读书。在读博还是就业问题上，经过他自己的审时度势，觉得自己不适合研究，更适合做具体的实操性工作，即作产品。因此，国内一个外企公司到海外招聘时，儿子毅然而然地选择了回国。

妈妈私语

MAMASIYU

思绪像一匹脱缰的野马

儿子，你曾说，上帝说张淑玲太痛苦了，于是，她有了津津。你也曾说，我来到这个世上的目的，是要给妈妈快乐，让妈妈为拥有我这个儿子而自豪的。妈妈喜欢你的自信。

妈妈真的为拥有你这样的儿子而娇傲！

叛逆是每个人青春期躁动的象征，你也不能例外。

那年，学琴受挫、父母分居、成绩急剧下降，一系列的不顺接踵而来的时候，你更显得叛逆。因了这些客观的原因及思想急需突破桎梏的主观意识，你出现了叛逆的特征。

你的初中阶段，是你的叛逆期。

你叛逆的不仅仅是行为，还有你那动荡不安的灵魂。

你的思绪，像一匹脱缰的野马，横冲直撞，不受约束。

你一直忐忑不安，总认为自己的身体缺少什么零件。缺少一个脱离了世俗之外的零件。你希望找回你的魂，因为它手里掌握着那使你身体完整的配件。

不知从何时开始，你有了一种坏习惯，喜欢做白日梦，借此来发泄自己对现在这种状态的自己的不满。并开始熟悉和习惯后悔了。

你想成才，甚至经常幻想自己事业有成后的情景。

你是个完美主义者。完美主义者最大的痛，就是自己的不完美，特别是一点都不美！

你屡次对自己不满意，又屡次纵容自己。

你甚至怀疑自己得了精神病。一直痛苦却又"苦"中寻乐。你常常发现自己的身体，并不听命于自己。

拿破仑曾是你的偶像，你也希望自己变得强大。

你讨厌平庸，又甘于现状。想俯视群雄，为祖上、为奶奶、为母亲争光，又甘于平庸。

上进心在你身上一点一点地流失，你失去了与别人争雄的法宝，甚至，连牛角尖都不愿去钻！

你担忧和痛心父亲的事业及他的为人处世。

你深刻地明白，他痛苦，所以他胆怯，你胆怯，所以把胆怯转换为怨恨，加在他的身上。

因为你太爱你的父亲，因为你是他的儿子！所以总是要求他成为你的顶梁柱、榜样。换来的却是十年的自卑！

妈妈多么怀念你小学的时候，与袁治铭、张乐峰等充满竞争的那个时期。你曾说，那种感觉就像利物浦与曼联对决那样令人兴奋。

你就像一个迷路的孩子，迷失了方向。

拿什么拯救你，我的儿子！

那天，你静静地坐在课室。轻松、自由、有趣的语文课，老师让同学们随意发挥、讨论，展现智慧的火花。当看到一个同学的发言，引起同学们的连锁感悟，而博得阵阵掌声时，你依稀看到了往昔的那个自己，大胆、爱参与、爱表现以及常引人关注。

曾经，生活过于平淡，你就会觉得失去了色彩和旋律；朋友久不见面，你就恐失去友谊；喜欢的人对自己不咸不淡，就意味着终被舍弃。这也许就是你对过去自己不自信的一种否定吧。

经过了一阵心灵上的震动后，你变了，变得理性，变得心中堆积了一团火，希望把它释放出来。

你开始相信别人也和自己一样活着；相信没有联络的日子，朋友也会偶尔想起你；相信，当双方不再自然面对的时候，其实是漫长相思的开始。

你觉得，人越空虚就越脆弱，越脆弱就更空虚。必须要抓住一些实体来成为人可以寄托的东西。于是，你开始将阅读和学琴作为实体来安放你的灵魂。

随着那种精神失重感的消失，思想抓不住飞逝的岁月，落在了你年龄的后面。

读了《狼图腾》这本书，你知道，人，应该有一种骨子里的硬气，自强不息是人最本质的精神。也反思了自己骨子里缺乏的正是这种"狼性"，是一个心灵脆弱的人。

看了美国电影《勇敢的心》，你更进一步印证了自己的认知。

电影里的主人公有一颗勇敢的心，所以能在极其愤怒艰苦的情况下，坚持自己要争取苏格兰自由的意念。直到最后被砍头之前的一瞬间，他吼出了震惊世界的一声呐喊"自由"。

那一刻，深深地震撼了你！那一刻，你"复活"了！明白了自己人生的意义及奋斗的目标。

你记着刘墉先生的话，有时候，人最弱的地方，经过不断强化，反而变成最强的部分。

你承认自己是个脆弱的人，但感情细腻，即使外表看起来很粗糙。

你决定，从学习、练琴及为人处世等方面入手，不断的练习去强化自己的手和脑，从而强化自己的心灵。

用勇敢的心去勇敢自己脆弱的心灵！

用最简单的方法去达成自己，塑造完善自我人格的目的，即一个在理性的方框里感性的人，并用它实践着自己的人生！

儿子，你心地善良，有一颗感恩的心。

儿子，你真棒！妈妈佩服你！钦佩你通过自身的毅力和感悟，让自己心中那匹脱缰的野马，回归到理性平静的思想轨道中。

多年后，你曾经的外籍经理也给过你一个忠告，做一个外国式的中国人。也印证了你当年思考的正确。

妈妈是心底最柔软的那个词

当精子和卵子结合的刹那间，妈妈这个词就镶嵌在人的生命里。无论喜怒哀乐，七情六欲，人们脑海首先蹦出的第一个词，就是妈妈二字。

最早对妈妈这个词的感受缘于一件小事。

记得那是我上幼儿园的时候，幼儿园外住着一户人家，这家的婆媳经常吵架，那媳妇当时挺着一个大肚子，样子特凶，经常把那个婆婆骂得暗自抹泪。

我们一帮小孩子听不到她们吵啥，却非常同情老太婆，都在骂那个恶媳妇。

许久后的一天，那家人的小孩子坐在家门口哭了很久，那媳妇出来轻轻地为孩子抹泪。女人的肚子已瘪下去了，脸上略显疲惫但写着温柔。

当时小小的我觉得很惊讶，咦，原来女人做了妈妈可以变得这么温柔？这个形象在我的脑海里一直顽固地镶嵌着。

从此，出外买东西或做什么事，一看到对方是孕妇，我就特放心，觉得从她的脸上总能看到一种母爱特有的温柔。

我一个朋友平时是家里的顶梁柱，一次重病住了院。清醒的时候，他一再跟家人强调妈妈身体不好，不要告诉妈妈。但有一天，他突然用微颤的语调说我很想妈，家人连忙拨通家里的电话，当一听到妈妈的声音时，他竟然像个委屈的孩子似的说，妈，我在广州住院……也许，人在最脆弱的时候，他潜意识里最依恋最想见的人就是妈妈！在每一个游子的心里，家，是一个向心力很强的地方，而母亲则是这个地方的中心。一个女作家曾对儿子说，妈妈在哪，你的家就在哪。有妈的地方就有家。过去一到春节，老公就想回老家。家婆去世后，他回家的念头陡然淡了许多。问他，他就说，妈妈在，回家是不需要理由的。

可现在妈妈不在了，想回家总要找 N 个理由来说服自己都不一定能成行。

家婆去世周年祭，在外的子女都回家，晚上我看到五十几岁的三哥在偷偷哭。问他，三哥说，妈妈在时，无论什么时候回家都是妈帮我倒好洗澡水，放好脸巾。现妈不在了，就没有人帮我倒水了，我才真的相信，妈妈真的不在了。这个细节令我震撼！无论走到哪里，无论年龄多大，只要妈妈在，我们永远长不大！

几个职业女性围在一起，谈论到孩子时，哪怕是很琐碎的事，说的人神采飞扬，听的人也津津有味，只要有一个人因一句话眼睛一红，其他人就像被传染似的，眼眶马上都红了。女人中有一个没当过妈妈的，却对妈妈们的这种表现感到莫明其妙。

很久以前曾经听说过这样一个故事。说的是一个母亲在遭遇车祸的时候，她第一时间抱起孩子，以百米冲刺的速度将孩子送到医院，当听到大夫说孩子没大碍时，她无声倒下了，最后因伤势太重而去世。在给她检查时，医生非常震惊，无情的车轮已将她的腰部碾碎！然而是一个母亲的力量支撑着她在生死攸关时，将自己的生命置之度外。听罢使人不禁嘘唏。

妈妈，是每个人心底最柔软的那个词。她使我们每一个人，面对这个词的时候，都会想起自己的母亲操劳的丝丝白发；想起母亲脸上辛劳的条条皱纹；想起母亲的腰酸背痛对生活的支撑；想起母亲永远的付出和隐忍。

妈妈这个词使我们心灵的杂物渐渐剥离，将我们内心的浮躁有了过滤之后的宁静，使我们懂得了什么是生命的本色和质朴纯真的东西。

呵，妈妈！这个世界因为您而美丽而永恒。

妈妈在家等你

儿子如愿如期出国后，我的心里终于松了一口气。尽管万般不舍，不过比起儿子去读大学那会儿，已经好多了。

儿子读大学的时候，我正在下乡当村官。司机峰送我们去火车站。当我送别儿子，独自回到车上时，他只问了一句话，我就泪水纷飞了。

回去后，村委会的人一直在笑我。他们想不明白，前一天因为村里发生村民堵路的突发事件，我一直都是很沉着地处理问题，怎么就连孩子去读书这么正常的事情，我都会泪水涟涟。村主任阿汉还特意来看我，他才刚开声，我的眼泪又不争气地流了出来，吓得他马上退出。

他们不知道我与儿子相依为命的那种感觉。

儿子曾经说过，妈妈是我坚强的支柱，我是妈妈坚强的理由。

在为儿子准备出征行囊的时候，我的心情是百感交集的。虽然满大街的去购物，真的很辛苦。儿子自己选择的出国留学路，愿景是好的，但是绝对是艰辛的。欣喜、担忧、不舍交集在一起，但我相信儿子的选择！

儿子刚到德国的所见所闻、第一次上德语课时的糗事及第一次做作业三科挂两科等消息，通过网络传回来的时候，我笑了，并不担忧，我相信儿子一定会适应的！

那些年，远隔千山万水，思念之情绵绵不绝，儿子的哭儿子的笑，无时无刻不在牵扯着我的心。

有时候，思念让我坐立不安，拨通网络电话，一听到儿子的声音，我的心立刻就平静下来了；有时候，儿子遇到问题无法解脱而感到崩溃时，那种无奈和无助，让我纠结。

我为儿子写了一首诗，叫《妈妈在家等你》，写的时候泪水总是止不住，同事小云刚好路过我的门口，问明情况后，笑曰，自己把自己给感动了。

我一直有一个心愿，就是想把《妈妈在家等你》写成一首歌送给儿子。

母亲是一个永恒的主题，但平时接触到的文艺作品，无论是小说、诗歌还是歌曲，儿女写给母亲的居多，很少是母亲写给儿女的。总想着，自己能否写一首母亲写给儿子的歌呢？但一直都没有找到一个合适的机会。

那日与新同事吴妮聊天。吴妮是搞音乐创作的。聊到儿女时，聊着聊着，两个心意相通的母亲，眼圈就红了。当我把自己想写一首《妈妈在家等你》的想法告诉吴妮时，合作就达成了。因为是第一次写歌词，我竟不知从何下手，经过两人反复磨合碰撞，终于完成创作，吴妮谱曲后，还对我一直保密着。

那天，拿到歌曲，我关起门来独自欣赏。当旋律想起的时候，我已泪如涌泉！词曲完全表达了那几年，我作为一个母亲的心路历程。

一次，与老公开车外出，我就播放这首歌。

老公说关了吧，再听，我就开不了车了。

附：《妈妈在家等你》的歌词
当你还在腹中的时候
妈妈就憧憬了你的未来
你生命中的每个第一次
都在妈妈眼中绽开

孩子啊
你的声音是妈妈的镇静剂
你的笑容是妈妈的晴雨表
输了赢了记住回家的路

没关系
妈妈在家等你

当你长大成人的时候
妈妈就放飞了你的梦想
你生活中的忧喜成败
都会由你独自担待

孩子啊
你的幸福是妈妈生活的动力
你的健康是妈妈遥远的惦记
困了累了记住回家的路
没关系
妈妈在家等你

《后来》的后来

当年高考失利后，儿子在日记中曾写到："我想也许在很多年以后，回忆起当时的情景，我和母亲会心酸地笑着。不过可以肯定的是，在很多年后的某一天，我仍会对母亲感到愧疚。因为儿子实在不孝，在最该用功的时候，开起了小差，弄得自己身心疲惫，是啊，这怎么能考好试呢？"

无意中读到以上这段文字的时候，那情那景，已像风一样的逝去，儿子的心境也早已平静。

我一直以为儿子在中学时期，是个女性绝缘体，但人的情感，终会忠于自己的内心，感情来临时，是锁也锁不住，防不胜防。

儿子高三时，每天晚自习回来后，都会看一会电视，吃些水果、饼干，然后就上床看一些课外书。关灯后，耳朵里听着 MP3，脑子却像一匹放纵的野马，想他当时认为复杂的，诸如感情之类的事。我当时虽有一点儿觉察，发现他有时神神秘秘的，但也没有多想。

因为与她做过 N 次同学，关系自然比别人亲近一些。

不知从哪一天起，他们看对方的眼神暧昧起来。高考一模，儿子的分数达不到自己理想的要求，心很懊恼，自然就希望来自对方给予特定的安慰，但也许双方都没有达到那种程度，女孩子没有及时在语言上抚慰他，经过一小段日子痛苦的抉择，这段还处在萌芽阶段的暧昧，夭折了，甚至并不再说话。

虽然，进入大学后一个偶然的机遇，他们又恢复了"邦交"。但曾经那种淡淡的暧昧，早已烟消云散。

因为曾经逃避过、伤害过，所以他在平淡日子里，慢慢沉淀而变得自信。

有一段时间，他喜欢听刘若英的歌，觉得刘若英温婉的歌声，让他常常陷入一种莫名的感伤和怀念中。总能把歌中讲述的心境与自己对上号来，或被其四月天般曼妙的心境所感染、感动。

后来，每当听着刘若英的《后来》，总会让他沉默地回忆过去。也许，深深地让他怀念着的，不是那些美好的日子，而是那些令他痛苦不堪的 100 天。因为它和紧张学习的回忆交融在一起，构成了他高三时期定格的黑白相片。

他说，他不后悔，因为他起码爱过、盼过。如果高考成绩更好一些，那就更美好了。我理解并尊重他的这种感觉。

儿子的这种情怀，也深深地影响了我。我去歌厅 K 歌时，总喜欢点唱刘若英的《后来》。每次我投入地唱完，同学或朋友就会调侃我说，唱得那么投入，又想起了 17 岁的谁啊？

但儿子总嫌我唱的太有沧桑感，唱不出 80 后的洒脱味儿。

路过你的路

儿子，明天我和你爸爸就要回广西乡下过年了。

今年这个春节，是你来到这个世间的第 24 个春节，也是你第一次完全离开父母自己独立过的春节。春节，是我们中国传统的家人团聚的日子。

儿子，你是妈妈的心头肉，你人生中的每个第一次，妈妈都想参与。因此，妈妈内心一开始也很不愿意离开你的视线，希望用"视频"陪伴你度过远离父母的第一个春节。

没有你在家的日子，妈妈连准备年货的兴趣，都没有了动力。但转念一想，妈妈可以帮助你许多，给你许多许多的爱，但你的经历，你的坎坷，你必将路过的路，妈妈偏偏给不了你，也是万万不可替代的。

苏芮的《牵手》有一句歌词说到妈妈的心坎上了，"没有风雨躲得过，没有坎坷不必走"，是你的该你的，你都得承受。

你长大了，也学着成长了。现在妈妈于你而言，除了亲情，已走不进你的世界。咬咬牙，妈妈决定还是放手，让你自己去体验去碰撞去开创。

好在现在通讯发达，在遥远的乡下，我们到时候还可以通过网络电话，一解彼此的相思之苦。

时间在不知不觉中溜掉，一晃你去德国，已经有 5 个月的时光了。有了网络世界，我们的距离不再遥远，甚至比你读大学时更近。

但是，不代表在遥远国度的你，会比以前活得更潇洒。出国留学的路，是一条充满荆棘的路。初来乍到一个完全陌生的环境，不同的民族不同的语言不同的文化不同的思维方式，你犹如从一个光线良好的空间，忽然进入到一个黑暗的房间，适应需要一个过程。

因此，你一定会茫然、彷徨，有时思维会间歇性地"短路"，甚至内心充满着孤独感。

它们会让你感到沮丧，产生浓郁的溃败感，因而你还会更加思乡心切。这些妈妈都能理解也会心疼。

但是儿子，人，是有自由意志的。我们也许不能控制自己的命运，可是只要我们下定决心，就可以控制自己的行为，让优秀成为一种习惯。

我们所要做的，就是为自己的行为负责。美国著名的音乐家凯里在总结自己的成功经验时说："成功，其实真的很简单。把它想得过于复杂，就会丧失自信，变得胆怯。让成功的路简洁一些，每一个人都会成功！"

儿子，你正路过你的路，遇到风雨、坎坷你都得继续往前走。坚持！与其用时间哀叹生活，不如花时间修正态度和方向。

在这个过程中，妈妈想与你共同探讨几个问题。

关于父母与长辈。百善孝为先。一个人的一生中，父母是不可以选择的。你喜欢不喜欢欣赏不欣赏都得接受。父母晚年时，经济上也许不需要你太多的帮助，但精神上，父母需要得到你和你的家人最起码的尊重，切记。父母在生活和习惯上也会尽量与你们有缝对接。

在意识清楚时，父母会经常换位思考，将心比心，不让你做"夹心饼"。

从你小的时候妈妈就重视与你的沟通，培养你自然和谐亲密的家人相处之道，妈妈与你之间的关系，从人的角度来讲是平等的。外公外婆是父母之外对你关爱最多的人，希望你也能继续义无反顾地去爱他们，包容他们。

血亲是不能断的，你也必须无条件地去接受和宽容一些人一些事。

关于爱情与婚姻。爱情是可遇不可求的，但是，碰到了也别错过。"稳定、舒服、包容、舍得、付出"，这10个字是你对婚姻的憧憬和追求，也是妈妈对你的祝愿。

妈妈知道你很小的时候就立过誓言。长大后要营造一个属于自己的稳定和谐的小家庭，让你的孩子在爱的庇佑下舒服地生活。

稳定的根基，是择偶。须知，琴瑟和谐，才能奏出和谐的篇章。好的容貌也许能让人赏心悦目，但另一半心地善良、知书达理、智慧的生活观才是你未来生活稳定的根基。

谁都有犯糊涂的时候，就看对方能否包容，相互欣赏、信任、舒服还是否依旧？切忌勉强。稳定的婚姻需要靠双方的磨合和努力。稳定的婚姻也会让你的事业如虎添翼！

关于生活与工作。学业与工作都不是生活的最终目的，都是生活的手段而已。学习和工作都是为了更好的生活。生活质量有时也取决于你的工作技能能否实现利益的最大化。

因此你要尽早确定目标。学业要严谨、认真，但不一定要百通，最好在某个专项上下功夫，要学精。

精湛的技术也许是你今后安身立命的东西。

生活是生命的一个过程，要学会享受生活，留意路上的风景。

关于朋友与同事。人与人之间的交往，是讲究"气场"的，气场相吸方可结朋唤党。朋友是多元的，也是有阶段性的。所以不要太在意交友是否"功利"是否永恒。

能经得起考验的，才是真正的朋友，一个人的一生中，真正的朋友是为数不多的。而同事只是共事者，太多的利益关系让同事难以成为朋友，相安无事是最好的选择。同事能否晋升为朋友，是要看缘分的造化，缘分又是不可以强求的。

一种米养百种人，每个人的"胚芽"不同，长出来的脑袋和思维就有所不同。

对待同样一件事，每个人都习惯从自己的角度去阅读别人，有时候别人对你的解读，会与你的初衷大相径庭，所以，与人相处要学会忍耐和包容。

一个人，真诚是需要的。至于是否需要百分百，还要看看对方的操行才能决定。任何时候，我们要修炼自己"外圆心正"的本事。

最后，希望你能常常想想"三心"。一是仁心，做人要仁厚待人；二是静心，遇事保持稳定的心理素质；三是恒心，学会忍耐，养成坚持的好习惯。

今年是你们的本命年，希望你们能顺利，学业稳步前进。爸妈会在本家的祠堂里为你祈福，祈盼徐家祖先保佑他们漂在异国的子孙。

最后祝你春节快乐！爸妈真的爱你！

儿子，生日快乐

24 年前的那个夜晚，在妈妈经历了三十几个小时的"水深火热"的挣扎中，你终于在人世间露面了。

长长的头，尖尖的下巴，塌塌的鼻梁，肿肿的眼睛，是你最初的模样。

当医生叫你爸爸先把你抱回病房时，你那初为人父的爸爸，抱着自己儿子那小小软软的身子时，竟然不知所措地一直呆呆地坐在床边，望着小小的你——他生命的延续，满心欢喜又是尴尬。因为他竟不知道，怎样才能亲自将这块"肉团团"放在床上！

后来在护士的指导下，他才笨手笨脚地把你安置好。想来你也真是幸运！那一夜，你探头于世，一切刚收拾完毕，电线就出现了故障。

黑夜中，不知是刚离开温暖的母腹，还是对未来的世界充满忐忑不安，你一直吼个不停。

你第一次躺在妈妈身边时，妈妈忍着痛轻轻地拥揽着你，羞涩地叫着你的乳名，津津别哭，妈妈在这里。你突然就停止了哭声，小脸蛋转向了妈妈的这一边，那一刻如同触电一般，我们母子一世的缘分，就这样正式开始了。

尽管你"丑丑"地不停地"望"着我，"看"得我心里产生了一丝陌生和不安，但很快我们就彼此接纳了。

后来我才知道那个时候的孩子，眼睛是啥也看不到的，但我们母子俩，却已经开始互相试探着打量对方了。

这一幕，记忆犹新！不经意中，你已从一个"丑陋的小人儿"慢慢蜕变成了一个英俊的小伙子！

24年来，不敢说含辛茹苦，但妈妈一直是小心翼翼地履行着当妈的责任的，你的一举一动无不牵动着妈妈的心。

谢谢你，让妈妈的人生从此变得丰满！

儿子，在此也请你原谅妈妈在某些时段某些方面没有呵护好你，让你幼小的心灵蒙尘。

这是妈妈人生最大的遗憾！好在现在已是雨过天晴，好在你还坚强，并学会了独自舔伤。

你的出国，虽然把妈妈的心带走了一大半，但也让妈妈可以放下心来做一些自己想做的事，以充实自己的人生。知道你能从第一个学期的种种迷茫和困惑中走了出来，又开始扬帆出征了，妈妈的心比你还高兴！

能经常从视频里看着你，忙碌地像模像样地在那炒菜做饭，听你叨叨你的饮食的搭配和如何节省着去买东西，听你谈谈学习，谈谈思想，讲述异国风情的种种，这是妈妈最大的享受！

环境真的是锻炼人啊。我那原来"衣来伸手饭来张口"的儿子，终于开始学会生活了。

儿子，妈妈知道你很懂事也很努力。这个世界，真正的天才是不多的。你已经比很多人聪明了，相信自己吧！一如你在个性签名里所写的"天道酬勤，向奥地利同志学习"一样，把握自己、把握机会。

今天是你的生日，妈妈祝你幸福快乐，好好享受生活和爱情！愿你健康，坚定地沿着既定的目标踏实地迈进！

抖落你身上的包袱

儿子，这段时间，妈的心绪一直比较混乱，总是有一些烦心事不定时地来骚扰，所以，总静不下心来与你交谈。

下笔后忽然想起来，当时给你起名字的初衷。那是在你出生前的某一天，妈妈与一个朋友交谈时，想到的一个词，诤友的诤。后来经过不断地推敲、演绎，从语调、内涵、希冀等方面的综合考虑，你的名字最终还是定格在"铮"字。

当然，从那时起到你出生后，妈妈也已在有意识地培养我们的母子加诤友的关系。

我们彼此一直都是对方思想倾诉忠实的聆听者。正如你所说的，在妈妈面前，心是不需要伪装的。有时候妈妈遇到的一点小烦恼，经你一语中的的点拨，心情也能够霎时烟消云散，豁然开朗。

有时候，连我自己都搞不清楚，我们之间，究竟谁才是谁的定海神针？

那天收到你转来的一篇文章，妈妈反复地认真地看几遍，觉得这篇东西传达了你的两个信息。一是关于"拖延者"。即人之惰性，这也是一般人的共性。做事拖拉，然后用玩乐休闲的工具不断为自己找借口，以此来原谅自己，满足自己一时的心理需求。不到最后一刻都不会去认真对待，一旦认真对待，方觉时间又所剩无几了。

又或者怀着某种侥幸的心理，希望自己能从旁人那里收获一些"速成"的不劳而获。瞻前顾后，患得患失等等。你有时也存在一些这样的惰性。

因此，希望你能摈弃一些坏习惯，埋头解决好眼前的作业和难题。这样，你的目标就自然会显山露水，水到渠成了。

记住，现阶段，你的任务除了学习就是学习，但也仅是尽力就好。这一点是你自身养成的毛病。

二是关于责任感。这一点是外力"强加"给你的。因为你自身成长的特殊经历，无形中让你从小就被赋予了一种很强的所谓责任意识。

这是一件好事，也是许多80后90后最欠缺的基本特质。

你把国家、家庭、父母和个人等所有将来的责任都揽在了自己的肩上，总希望有朝一日能好好地怎样怎样。怀揣着理想，一旦你因为一时的玩乐休闲而拖延了学习后，你自己就会产生一种严重的负罪感和焦虑感！

再就是，妈妈对你的关爱，有时无形中也会给你增加了一些压力。因此，你的愿景是美好的，也是令妈妈欣慰的。但现在妈妈却乐不起来。有时矫枉过正就会适得其反。因为你自己现在还不够强大，肩膀还显稚嫩。心理负担太重怎能很好地前行呢？欲速则不达。

父母为你做的一切，不过是在尽自己的一份责任而已，你能明白就行了，不需要你总想着怎样去回报。希望你能暂时抖落身上的包袱，淡化责任意识，轻装上阵，心无旁骛地走过"那块木板"。

到时候，妈妈才会舒坦地看着你的"责任意识"，梦想花开。

最近，深圳富士康四个月内发生的"13跳"，引起了世界的关注，也让妈妈想了很多，经上网查询，妈妈发现"13跳"中的年龄，都是在18岁到25岁之间。花样的年华，就这样夭折了，令人扼腕叹息！

究竟有多大的事，竟然让他们扛不过去呢？细究，这一拨年轻人也正是你的同龄人。

唉，你们这一代人，出生刚好赶上改革开放的好年代，社会的稳定，生活质量的提高，让父母有更多的精力放在你们身上，含在口中怕化了，捧在手心怕摔了。遮风挡雨，呵护备至。

即便是生活在农村的孩子，成长的空间也比改革开放前宽松了许多。

一帆风顺的生活经历让你们在面对挫折时，也许会束手无策，抗压能力低，容易走极端。这些人全然不顾及自己的生命的珍贵和身后的责任，浪费了国家多年的培养教育，让白发人送黑发人的"杯具"不断重演。

所以妈妈也希望你引以为戒，如果碰到挫折，首先要冷静，你的生命不属于你自己！啥事忍一忍，适时宣泄，退一步海阔天空，多做对美好事物的冥想。妈妈也会自我反思检讨自己的一些做法。

如果让妈妈选择儿子在负重中学习还是在简单快乐中学习和生活，妈妈宁愿选择后者。你很有悟性，人会不断成熟的，妈妈希望你能成为一个身心都健康的自然人。

妈妈也还在路上，共勉吧。

生活，加一丁点的诗意

很久没有到你的 QQ 空间逛逛了，忙碌的学习早已让你忽略了许多生活细节，无暇打理你的 QQ 空间。

今天再次潜入你那"草长莺飞"的空间，感触良多！恍若回到你的 2006！

那是妈妈刚开始玩 QQ 的时候，对了，QQ 还是你帮妈妈弄的。当妈妈刚学会看 QQ 时，最喜欢做的一件事就是潜入你的空间，看你的个性签名，寻觅和分享着你大学里活跃丰富的生活气息，让自己变得年轻。

最记得的是 2007 年的元旦，看到你写的那篇《写在 2007 之初》，妈妈的好心情一直持续到你放寒假归来。你文章的开头写到"当 2007 的第一缕阳光照进我眼中时，时间已经是正午了。告别忙碌的 2006，新年的第一天我要好好放松……我的 2006 是你们陪我走过的，感谢你们一路陪我走来。

to 妈妈：你是我坚强的支柱，我是你坚强的理由。很高兴过去的一年里，你找到了挥洒才华的舞台。

to 爸爸：我只要你对妈妈好。……"后面列举了当时走进你生命的一大串名字。但你把妈放在了首位，写爸爸还是为了妈妈。谢谢你！儿子。

如今，空间里的日记，依旧静静地躺在那里，等待着它的主人再次眷顾，那些曾经看过的东西，还有不少我踩过的痕迹。

时过境迁的日子，回眸一看，那些简单的文字里，竟能读出你当时的悠闲、单纯、哲性和诗意！

每个时段，人追求的目标和思想的成熟度都有所不同。埋头苦干，跌跌撞撞，起起伏伏，许是你当下生活的写照。

单调重复的日子里，仍然可以偷撷一些色彩来点缀。给自己的生活，加一丁点的诗意吧。

心境决定生活的高度！怡然中读书，也许效率更佳！几年后的再回首，定会闲庭信步！

心无间

月圆中秋，思念的季节。儿子，妈妈又有了用文字向你倾诉的冲动，心里也只有淡淡的失落。因为"月圆人不圆"这种状况，今后也许将会是我们家的生活常态了，妈妈必须得适应。

再过一段日子，新学期又该开学了。新的学年里，你将向论文冲刺。

留学的两年四个学期，你的学分由最初的个位数到十几分、二十几分、三十几分，呈几何数递增着，终于超额地修满了学分。整体科目的分数控制在平均 2.0 分以下，核心科目的分数控制在平均 1.5 分以下。已具备了申报博士学位的成绩。

最重要的是你收获了自信，开始品尝到了努力换来的成果！妈妈为你而自豪！

但是切记，"战胜一次困难，并非代表一生的灿烂"。

你的前路，还有许多的困难和障碍等着你去克服和跨越！

"弹指间，心无间"。是腾讯 12 周年纪念的广告词。广告创意表现的是一对母子的亲情。一边是妈妈对儿子殷殷的关怀，一边是儿子不领情的叛逆。儿子出国留学后，远在异国他乡，才真正感受到妈妈的点点关爱！网络，让母子间心无间。

每次看到这条广告，妈妈的眼睛都会一阵潮热，虽然我们间的沟通一直不成问题。但这也许是每个家有海外游子的父母或游子本人都有的共鸣吧。

是啊！生命不可以重来，每一步都是一个脚印。人的成长需要空间，成熟是由无数个成长积淀而成的。

妈妈坚信，从小对孩子培养亲情的氛围，是每个为人父母者必须应尽的责任和义务。

人这一辈子，在成长的过程中，如果亲情的滋养不够，长大后性格就会隐性或显性地产生某种变异的。有一个健全的人格胜过仅有一副健康的皮囊或由浮名堆砌的光环！

今年2月24号的傍晚，在广州白云国际机场，你带着一年半历练的风尘，带着涅槃后的自信，带着优异的成绩，轻松地向我们走来。

你说，一踏上这片熟悉的土地，不用走外国人的通道，心里就倍感亲切，有一种强烈的民族归属感在升腾！这是每个海外游子回归祖国时独有的正常心理吧？

坐在车后座上，你一直抚摸着妈妈的手，梦幻般地呢喃着，真的是妈妈！真的是妈妈！真的回家了！

那一刻，妈妈的心就像蕴着一颗酸酸甜甜的果冻一般。

回到东莞已近八点，还没放下行李，顾不上吃饭，你就急着先去看望年迈的外公外婆，让老人欣慰不已！

你回来的那个月，是我们家的节日！你说这次回来主要是陪陪父母和外公外婆的，虽然你也不停地抱怨爸妈把你回来后的周末时间给瓜分了。但不影响你的懂事和孝敬以及倾听外公的唠叨！

阳春三月，烟雨空蒙。

我们一家三口回广西老家祭祖。在一起度过了几天简朴的乡村生活，尽情享受暂时团聚的温馨时光。不问世事，了无牵挂，心就像被洗净掏空般地舒坦。

3月11日晨，我们动身回广西。中午时分，汽车行驶在两广高速公路上，耳朵里灌满的是自己喜欢的音乐，车窗外远山含黛。

那一瞬，妈妈在想，这种感觉真好，一家人在一起，现在哪怕是山崩地裂，海枯石烂我也不在乎！因为我们一家三口在一起！

也就是在同一个时间段，日本竟然发生了9级地震并引发海啸。后来听到这个消息，妈妈惊讶不已。

儿子，有你在家的日子，爸妈的心是充实的。每天晚饭后，你都会陪妈妈在小区里散步。妈妈喜欢用右手挽着你的左手，边走边聊。

这次回来，你总是有意无意地告诉妈，孩子长大了，都有自己追求的生活。你说，我们这个城市就拥有成千上万的游子远离家人在这里生活，人家不是也一样离开了父母？我与他们是一样的道理的。

所以，你们要慢慢习惯我不在家的日子，好好规划你们自己未来的生活，不要总以我为生活重心。

那段时间，你总是不停地向妈灌输着我们要开心地分别，暂别是为了明天更好的相聚等理念。妈理解你的良苦用心！

想想也是，儿子出生后，妈妈一直是以你为生活的重心的。尤其是你出国后，因为你第一年的不适应，让妈的心一直紧揪着而忽略了你不知不觉中已到了半百的年龄。

是啊，你的生活和学习现在已逐渐步入正轨，妈妈也该到了真正给你"断奶"的时候了，让你自己去闯荡。

这半年来，妈妈都试着放手，不再像过去一样希望自己参与儿子的任何事，给儿子留下一个自己的成长空间。

妈妈只是在你需要倾诉时，做一个忠实的听众。我们还约定，你忙的时候就挂Q在网上，让妈妈能经常看到你的头像在亮着就行了！

我们既是母子，也是朋友，这种亦亲亦友的关系，是我们今生的缘分，一生共有的财富和相处的状态。

我们的角色，也在悄然改变，你似乎成了妈的心灵导师。我们母子间有什么心声和烦恼都可以向对方倾诉。妈妈相信你，我们之间哪怕是争吵，有不同的意见，彼此间都不会背叛，不怕被腹诽！

3月27日，临别的那个早晨，我们一家去外面吃早餐，妈习惯性地给你点上烧鹅腿叉烧濑粉，我和你爸只点了烧鹅濑粉。你上桌后看到这个情形，鼻子开始红了，看到你这样，妈也马上借口去上厕所，怕自己忍不住在你面前落泪。因为你最怕妈像以往分别一样，眼泪流个不停。

在机场检票口，当我们拥抱告别后，在你转身的一刹那，妈妈的眼泪还是不争气地夺眶而出！虽有不舍之情，但更像是为过去做一次告别！你也带着心灵休整后的满足，再次翱翔！

你曾推荐影片《我自己的德意志》给妈妈看，并且说，妈妈，谢谢你给了我一个好环境让我专心学习，比起影片主人公肖扬，感觉自己很幸福！我还身在福中不知福。

影片中的人物，虽然是虚构和加工过的，但也集中真实地反映了留学生生活艰辛的状况。最记得片中有句话，当教授问肖扬，你留学的目的是什么？肖扬答，留学就是目的！呵，这是一个没有目的的目的。

其实，人做任何事最忌的就是没有方向性！你说，人的精力有限，无论做事和做人，只能选择做自己喜欢做而力所能及的事，学会放弃和屏蔽一些无关紧要的人和事。说得好！

儿子，永远不要给自己找借口！人应该是有阶段性的方向和目标的。现在的你不再封闭自己，增强了自身的抗压力，不再盲从。这是一个不错的开始！

两年卧薪尝胆潜心向学的努力，在确定了自己的主攻方向后，你将自己的知识基础夯实了。

苏格拉底曾说，知识就在我们身上，关键在于怎样在自己身上发掘知识，运用知识。不要满足于学到知识，最重要的是如何运用。

儿子，把自己的思维再放纯粹一些，专注做好眼前的事，将所学的知识运用和消化在一个领域，并将它们转换成财富以实现自身的价值，就是你的当务之急。

曾经在报刊中见到一段这样的文字，是小和尚和老和尚间的对话："你得道前每天在干什么？"对曰："挑水劈柴煮饭。""得道后呢？"对曰："挑水劈柴煮饭。"小和尚不解，前后没有什么区别，那得道有什么用呢？老和尚："我得道前，挑水的时候想着劈柴，劈柴的时候想着煮饭。而我现在挑水就挑水，劈柴就劈柴，煮饭就是煮饭。"相同文字不同的解读，就在于我们自己对事物认知的感悟性和穿透力。

　　儿子，送别也许将会成为父母下半生的生活常态。每一次的暂别，不舍，永远是不变的旋律！但妈妈会面带微笑为你送行。

　　往前冲，无论何时何地，只要你需要亲情的支撑，你一转身，就会看到爸妈站在你的身后，家，永远是你心灵小憩的驿站，永远是你的港湾和支柱！

寻找光明的出口

儿子，今天是大年初一，阳光灿烂。暖冬的春节是个好兆头。

远在地球那端的你正在备考期末试，但妈妈此刻的心却很宁静，少了去年的牵挂和担忧。

因为两周后，我们就可以见面了，更因为你的思想和学习，已驶入正常的轨道！

当你能用轻松的语调，侃侃而谈优秀的师哥师姐给你的点评及指明的方向；当你终于悟出暑期高级英语班学习的收获时；当你用总结性的语言归纳出你自己看了网络热门小说《娃娃亲保卫战》对爱情与婚姻的感受理解时。儿子，妈妈知道，你终于适应了眼前的黑暗，寻找到了光明的出口！

过去的一年，两个学期。你的生命列车进入拐点。学业、生活、感情都经受了前所未有的打击和考验。

初来乍到两眼一抹黑的你，就像一个被困在笼中的老虎，很想发力却不懂得给力！

这一年，过惯了家庭生活和校园集体生活的你，终于要独自面对生活了。好在学过一些营养学皮毛的你，已开始学会自己照顾自己的生活，学会一天合理的饮食搭配。身体乃人之根本。

这一年，急于求成的你，不懂得适度把握，所选的课程又多又难，而且南辕北辙，学习始终不到位。

一时，你四顾惘然……

这一年，当你正挣扎在两眼一抹黑的异国生活时，你那暂时无暇顾及的爱情，却悄然地改变了航道。

所以，当你再一次地在自己最没有把握的英语演讲课中败北，最难那一科又毫无进展的时候，面对视频里的妈妈，你终于失声痛哭！

儿子，那一刻，你能听到视频这边，妈妈的心噼啪噼啪碎裂的声音吗？

妈妈真的是怕你因此"崩盘"！第一次有了相隔万里，爱莫能助的感觉。只好试探着说，儿子，要不，实在是坚持不下去，这个科目咱不学了？

没想到，你情绪平静后，说了一句让妈妈至今都感动的话，你说，"妈，我决不放弃！如果一碰到困难就退缩，那我今后还怎么成长？"

妈妈悬着的心，放下了，知道自己的儿子一定会咬牙渡过难关！胜利有时候就是能再坚持一点点！

置之死地而后生。我们在视频里不断地深究问题结症，探讨对策。

幸好，你还有一些心理学的"功底"，在自己思虑堵塞时，能将自己的思维，拆卸、擦拭、重组。

首先是你的英语和学业的根基不牢。

英语方面，单靠你"裸考"雅思6分的底子，置于英语的大环境中，就捉襟见肘了。

专业方面，一是你本科学习的内容，就专业而言只是学习到一点皮毛。二是你学业的根基不牢。任何人任何事，根基都很重要。

毋庸置疑，你的专业基础知识和外语的根基是不牢的，这与国内的教学体制有关，也与你当时的用功程度是成正比的。

就像中国篮球，有些人在国内叱咤风云，呼风唤雨的，一到国际赛场就显原形了，运球不会，怕紧逼，投篮不准，攻不进，防不住，一团糟。

虽然有很多原因，但归根一点，还是与基本功有关。

这一点与你相似，因而使你在转换新的环境中，马上就暴露了"短板"。

所以，你才有了2010年的迷茫和狼狈。

其次，也是问题的关键，就是你曾经不良的思维方式和学习的习惯也极大地约束了你。

你的学习从小到大一直都是在最后的十几二十天，才发力的。

你说，你的思维有深度，广度不够。

记得有人也曾对此作过研究，做事专注度过高的人，发散性思维容易受阻。因此你"入题"较慢，但一旦"觉醒"，你就会奋起直追，且记忆深刻。

这使我想起你小时候的一件事。记得你在八九个月的时候，我与邻居贺海平和孙家凯叔叔曾探讨过这个问题。

当时你奶奶抱着你，你正专注地盯着某样东西，任凭我们在背后怎么逗你，你都"充耳不闻"。直到你看够了，才回头望我们。

这个细节，引起了我们的热议，最后大家得出一个结论，你长大后，喜欢做的事一定会很专注和投入，但是不够灵活。

妈妈虽然记住了这句话，但被你平时学习成绩较好的"假象"而掩盖了，没能引起妈妈较早的重视，这是妈妈的失职，好在儿子最终自己解开了这个死穴。能针对自己的缺陷做一些补救或扬长避短。

再就是中外的教学体制决然不同，也让你从一开始就非常的不适应。

从小学到大学，中国的应试教育一直在主导着你们的学习，你们一直浸润在例题的示范、规定的题型和划定的考试范围等思维定向中，唯分数论。

再加上，从你读书开始，妈妈一直在向你灌输做不做"第一"都无所谓，只要巴紧前几名就行的思想，所以你习惯了在最后20几天或一个星期发力，你总可以凭着自己的小聪明过关了。

到了德国后，上课时教授只讲原理，不讲例题，让你们独立思考消化。连几次作业不及格，几堂课不上就取消考试资格等都有具体的规定。你傻眼了，不适应了。

因此，改掉自己的学习陋习，是你的首要任务。

意识到自己的不足，你开始调整方向，思考对策了。

在图书馆，你主动找优秀的师哥师姐请教聊天，你的诚恳和虚心也打动了他们，师哥师姐们也乐于与你分享他们的成功和失败的经验。

暑假的时候，你想报英语班，故意不复习，继续"裸考"，结果你意外地被分在高级班，让你紧绷绷的心裂开一丝的窃喜，自信心略为提升。

上了暑期高级英语班后，你的思维更活跃了，积极寻找能激活自己语汇和思考的方向。胆子也更大了，自信也增强了。

在新学期的选课和学习中，也变得更切合自己的实际，吃透弄懂，还成立了学习小组，集思广益。

学习的深度和广度能达到平衡了，学习又重新进入了良性的循环中。妈妈为你感到骄傲！

再次，强大自己，对爱情婚姻的再认识。大三时一次旅途中美丽的邂逅，让你的爱一见钟情。你们共享爱的甜蜜，共同准备出国留学的一切，却抵不住异国他乡最初的艰苦考验！

看了《娃娃亲保卫战》后，你感触颇多。

你说，一个经济不能独立，思想不够成熟，连自己都没有能力管好的男人，如何才能保护和照顾好心爱的人，去承担家庭的责任？

你换位思考地为别人找理由。你也想起了姐夫对你说过的话，一个男人，只有成熟后，才会知道自己需要的另一半是什么类型的。现在，你已能很平和地看待此次失恋。

你说你现在对你的第一次爱情，只有怀念没有想念，黄龄的一曲《特别》，很好地诠释了你这一段心路历程。

儿子，妈妈相信你！人只有具备实力，有底气，才能在更高更大的舞台上走得更远，活跃得更持久！

有人说，最高的境界不是外在的褒奖，而是内心的愉悦。儿子，在愉悦中完成你的学业吧！

妈妈会耐心地陪伴你成长，褪去青涩，你会走向成熟。

妈妈等着你的两年之约，等着你的回家。

属于你的就在前方半米

霜月满天，心境也变得宁静。屈指一算，从你写论文开始，妈妈都没有给你写一些东西，总想等你的论文写完，工作或读博告一段落才提笔，以纪念你生命中的又一转折点。但今天，妈妈却有了提笔的冲动。

儿子，从你开始认字的时候起，每每在人生的转折点，你生命的波澜总会起皱打折。这是惯例，你得适应接受。

这次从论文的选题到定稿，你都没走寻常道，也徒增了你自己的磨难，还好结局不错。

在读博还是找工作的问题上，你也在挣扎徘徊，妈妈都尊重你自己的选择，因为你是一个有行为能力的人了。

爱情又重回到了你的身边，你也能够慢慢成熟对待了。一年多漫长的等待，让妈也学会了隐忍和等待。

人，需要看清眼前的形势，更要有一种远视的胸怀和眼光，也即超前意识。最近在网上看到一则故事，曾经有人做过实验，在一个特定的环境里，给一堆鱼和一杆鱼竿，丢给第一组的两个人，他们一人分得鱼，一人分得鱼竿，结果分得鱼的人吃完后就饿死了。分得鱼竿的人，因为海边太远也被饿死了。而另一组的两个人，同心合作，一起出发去海边，饿了一起吃鱼，终于走到海边，齐心钓鱼，最后他们生存下来了。

这个故事告诉人们，人不要只看眼前的利益，学会合作共达目的。

适者生存。一个人的能力是有限的，人首先要有梦想有规划，还要学会借力。至于如何借力，就要因时地利去进行。

没有人能预知自己的未来。哪怕你猜中了结局，也不可预知过程。当我们没有办法改变一些现状时，就静待时间流过吧。

生活不是创作，每天按照我们编好的故事情节进入结局。惊喜总在不经意时出现。未知世界、领域总是不断引领我们前进。

人处在转折空隙期，容易焦虑不安。需要自己把持，更需要别人的鼓励！

那天无意间听到一个朋友的故事。她与孩子一齐玩耍，孩子摔跤了，眼望着妈妈。妈妈说，疼吗？疼就大哭一下，不是很疼就算了。孩子想了想，说，不是很疼，就自己起来了。

我听了莞尔一笑，智慧的妈妈，充满哲理的教育！

你说，几年的留学生活，你最大的收获就是学会了隐忍。这对你今后的生活很有裨益。

独处，也是隐忍的一种方式，决定了我们生活的根本。没有内心的生活，就会纵容一些东西安置和支配我们！血气在任何文明中都应该是有价值的。但发展到一定程度的时候，草莽、蛮勇是解决不了问题的。静寞、智取是推动真正文明的钥匙。而心灵自由的前提是能驾驭心灵。

命运会有坎坷，成功总有先后，但坚忍的意志不能放弃！人的意志力太关键了！很多人就缺坚持再一点点，结果，全盘皆输。

人的一生，怎能无暇？弱者没有发言权！

很少人会关注、审视自己的内心需求，去留意别人的真实生活的，喜欢关注别人表象下的外在生活，而忽略建立自己内心生活的语言。

内心生活的语言质量，永远值得我们勘探考究！希望你不要做一个现场语言的批发商，在遍布泥泞的现实中做个生活的考究者。

当今世界，看客遍布。无心之人才是令人绝望的。自我的觉醒必须在自我考问中完成。人只有在不断自我否定、批判和肯定中成长。

语言的力量，可以瞬间震得你脑神经发麻，也可霎时让你心暖如潮。

人心飘浮，总需要一件实物着地。心才会安稳。而这个实物，许是物质或是精神。

知人心，在或大或小的团体中，体察人心，知心交心汇心贴心，是我们生活中的核心。但也是最难的事。人心隔着肚皮，有时也是一件令人绝望的事！处事就像打牌，看对方出牌才能来应对。人不可恃才傲物，但也不必卑躬屈膝。

找不到工作是暂时的，人是讲究缘分的。不是你不优秀，而是优秀的人和事，暂时没能与你一见钟情，擦出火花！困难并不可怕，关键是看我们对待困难的态度。屏气静心，一切都会过去。

爱是生活中必不可少的营养品。无论亲情、友情和爱情，滋润着人的生命，但都需要经营。尤其是家庭的经营。

夫妻琴瑟和谐的标志，就是心灵高度的一致，一方对另一方的理解和包容。反之，另一方很容易另外寻觅宣泄口。

巨人之所以"巨"，皆因有许多铺垫，数字、沮丧或失望。我们也许不是巨人，但必要的铺垫，那是必不可少的。只有自身强大，才能笑看风云。

孩子，这是你成长中的阵痛，属于你的就在前方半米。

幸福是一种感觉

2011 年的春季，社会上最流行的词就是"给力"和"幸福"。给力幸福，也成了每个人心底最奢望的事儿。什么才是幸福？却是见仁见智的。

爸妈的保姆阿兰回家过年了，我和先生就成了当然的"全职保姆"。我们俩分工合作，先生负责买菜做饭，我负责帮老妈洗澡喂饭带她上厕所。开始那几天做得天昏地暗腰酸背疼的。这不，你才手忙脚乱地帮老妈洗好澡，帮她穿好衣服穿好袜子，抽空去洗个米放进电饭锅里。刚抻了一个懒腰，她又伸手指指，要小便了，到了坐厕旁，你好不容易帮她来个"乾坤大转移"地安坐下来，她就只拉个几滴尿，又要重复一番刚才的动作，才能费老劲搬她坐回轮椅，我的那个亲娘四舅奶奶哟！

老妈身形偏胖，动作不便，一百多斤全压在你的身上，根本借不到她的力。亲身经历才理解了保姆阿兰为何要求加薪的理由和 83 岁老爸照顾老妈的不易。我刚在 QQ 的个性签名上抒发了两句。在德国念书的儿子就马上视频我说，爸妈你们辛苦了！不过，能照顾父母是你的福气呀！比我强，我现在想孝顺，爸妈还不在我身边呢。我哈哈大笑。

儿子的调侃也让我想起了一件往事。记得是儿子上高二的时候，有一天我突然接到儿子当时的语文老师，东莞中学梁小峰老师的电话。

这可是儿子整个中学阶段我唯一一次接到老师主动打来的电话，

激动的心情可想而知。

梁老师说的第一句话，就让我爱听。他兴奋地告诉我，你有一个懂事的好儿子！原来，梁老师最近布置了一篇主题周记，题目就叫《幸福》，让同学们随意发挥。儿子写了一个春节一家人照顾老人，儿子从不高兴到觉得幸福的故事。让梁老师很感动，于是他就把电话打到家里。

那是2002年春节发生的事，儿子刚上高一。那年的春节是多年罕见的寒冷天气。本身就体弱多病的老妈，气血流通就更加不畅了，几乎进入"冬眠"的状态。我们一家三口，每天两点一线地骑着摩托冒着凛冽的寒风到爸妈家去照顾他们。

儿子那篇文章的布局谋篇我已记不清了，只依稀地记得其中的几个细节，比如："往年这个时候我们就到处去玩了，还可以兜到利是。现在，我却躺在床上，反复无聊地数着薄薄的几张利是钱。随父母去哈尔滨看冰雕的好友铭，又发来喜悦的信息让我分享，该死的铭，去你的吧！"儿子还向父母提出了质问，为什么总是我们家来照顾外公外婆？妈妈向他讲明道理后，他开始明白了，结尾是他亲自搀扶外婆去厕所，他呵呵地望着外婆笑，外婆也不明就里地回应了他一个傻傻的笑。

自打这件事以后，儿子开始懂得孝顺了。尤其是2003年春天，曾带过他四年的奶奶病逝后，他就常常说，老人在世时要及时孝顺，以后就不会有遗憾的！一激动，还向我们撂下一句"狠话"："你们现在怎样对外公外婆，我今后就怎样对你们！"。

儿子还曾经说过一句暖心的话，"妈妈，我年轻的时候，你让我出去闯吧，你年老的时候，要么我回到你的身边，要么我把你们带在身边。"我说，"反正我是跟定你了，你在哪我就去哪！"

外公平时好为人师，每次见到儿子都会千篇一律地教育"你要好好学习。英语要背好单词，数学要学好代数"等等。过去外公说一句，他就不耐烦地顶一句。那次以后，他也不再与外公顶嘴了，只是笑着点头。让外公充分发挥自己的话语权。

每个周六，只要没有什么特殊的事情，我们都会回爸妈家陪老人吃个饭，当父母的"情感垃圾桶"。平时父母家有个什么冬瓜豆腐的，一个电话过来，先生二话不说立马就会赶过去。因为工作的原因，我却很少亲自照顾到父母的日常生活。老妈今年七十有八，身体一直不好，近两年更是每况愈下，生活基本不能自理。

保姆阿兰来照顾父母已有十一个年头了。她一年两次的回家，一直是先生在替我们照顾父母！形成这种局面的客观原因很多，但当一种思维习惯成为自然，就很难改变。再坚持下去，就必须有一种精神在支撑。这种精神就叫孝道。先生一直在说，我啥也不想，就是想到他们是你的父母。感谢你！老公。

今年央视春晚的节目里有一个儿童歌舞剧，叫《爱我，你就抱抱我》。我看了几遍，每看一次，都会热泪盈眶。如何做一个好父母，一直是一个被人重视又被人忽视的话题。每个父母都说爱孩子，但许多父母都不知孩子的真正需求是什么。孩子的要求其实很简单，就是亲亲我抱抱我夸夸我！

看似简单的东西，又有多少人真正身体力行呢？同样的道理，在呼唤亲情回归的年代里，年迈的父母对孩子的要求也是"看看我照顾我听听我"！

人就是这么奇怪！为人父母后，哪怕自己缺吃少穿，也会把一切心思放在孩子的身上，怕他吃不好怕他穿不暖更怕他没学好，孩子再怎么怨他，他都无怨无悔，总怕怠慢了他，对自己的孩子总是爱不够！父母辛苦地把孩子养大后，孩子对待自己的父母却很少回报父母同样的关爱！这其中肯定也有许多生存的无奈等原因。也应了那句老话，"老窦养仔，仔养仔"。

当年流行的一曲《常回家看看》，红遍大江南北，一箭穿心，曾经引起过多少游子的共鸣！

孩子虽然也会尊敬父母，也会常回家看看，给老人买些吃的，但却难以包容和理解父母老小孩般的唠叨和脾气变异。甚至对老人好一点都觉得是一种施舍！其实，除了生老病死自然规律的反应，很多时候，这是父母变着法子来引起孩子关注的缘由，隐含多少为人父母者内心的恐惧和无助！

许多父母恨不得能亲自参与自己孩子如旭日东升般地慢慢成长，却很少关心过自己父母的容颜是怎样如夕阳西照般一天一天地老去的。人们倾注的舐犊之情远大于反哺之情！

殊不知，有一种东西叫着"轮回"。每个人都有老去的那一天。

亲情也是需要储蓄和互动的。一个人的一生，总有心灵脆弱的时候，当你需要亲情呵护时，才想起亲情，悲凉就会伴随你了。

大道理谁都会说谁也明白，但做与想却又是两码事。我也是个肉眼凡胎，我们也有自己的小家生活也有自己的交际圈，干久了干多了心里难免也会起一些摺子。

每每与儿子倾诉，反倒是儿子在劝我了。儿子说，"不要想那么多！干都已经干了，心里还不平衡，带着情绪去干就失去意义了！你就想着父母与几个孩子之间是总分线的关系，父母到你这就是直线关系，父母，你只有一个，无论好坏，没得选择。你现在尽了孝道，哪天父母真的离你远去了，你的心也是坦然的，没有悔意。"

想想儿子说的也很在理。于是心气顺了，照顾父母就不再觉得累和委屈了。每天吃完早餐从家里出发，夜晚吃完饭后，待老妈洗漱完毕，我们才乐悠悠地打道回府。

大年初一清早，先生就温馨提示，我们今天早一点过去吧，大过年的，不要把老人单独晾在那里太久。弄得夜眠的我也不好意思再赖床了。谁叫那是咱爸咱妈呢！

大年初三，我们与弟弟一家带父母去同沙生态公园踏青。青山绿水滤去了大家过去一年的戾气。走到十里荷塘的时候，弟弟建议，我们用轮椅推着老妈去登高远望吧。

上山时，我们轮流推着老妈的轮椅上山。下山的时候，弟弟与他姐夫把住轮椅的前面，我与老爸和弟媳拽着后面，小侄女菲菲忙着冲到前面去拍照、录像。老妈稳坐在轮椅上，沐浴着山野清风，微微一笑颇有一些"母仪天下"的范儿。

路过的游人都向我们行着注目礼。弟弟还逗乐着说，老妈坐这部车比宝马还舒服！因为这是由浓浓的亲情推动的。

父母就是一棵大树，孩子们是树上的小鸟。鸟倦归林，树是栖身之地。哪天大树倒了，小鸟也不知飞向何枝栖息。无论自己的年龄有多大，只要父母还健在，孩子永远长不大！心灵也会有寄托。

　　过年守着父母又能亲自照顾父母的起居生活，就是一种幸福！年过中年，家里有两个爱着自己又懂得孝道的男人，子欲何求？

　　幸福是一种感觉，心里由衷的快乐和舒坦！无关风月无关其他。

你应该有自己的生活

又临中秋。白天亲戚来串门，晚上一家人静静相守，享受着这一刻的安宁，也是一种难得的幸福。因为工作，儿子提前给我过了生日。这是儿子在读大学后，陪我度过的第一个生日，真是非一般的感觉。

"……妈妈，希望你多爱自己一点，把生活的重心放在自己身上，美美容、唱唱歌、跳跳舞、逛逛街，在这个世界上对你最重要而且能一直陪伴你的是爸爸。"

看到儿子在微信上给我的留言，霎时五味杂陈。过去曾经心心念念的某种情愫某些东西便由另一种全新的认识所替代。谢谢儿子的心意和理解！

儿子出生后，我一直将自己的生活重心放在儿子身上，冷了热了，哭了笑了，无不牵动着为娘的心。尤其是儿子像个贴心小棉袄似的，陪我度过我生命中的沼泽后，我更是依赖儿子。

这种依赖，也只是存在我的潜意识中，连我自己都不自知的。还是儿子的女朋友第一次来我家就点醒了我，她与儿子说，你妈眼光的焦点，只放在你的身上，如果我、你爸和你坐在厅里，你妈眼中只看到你。

听了儿子的话，我仔细想了想，好像确实是这么一回事。所以才有了儿子对我的生日留言。

好像也是潜意识里的一种补偿和逆反心理，在儿子第一次领到工资及多年后儿子真正第一次用自己的钱给我过生日的时候，我就到某个女装品牌店给自己狠狠地刷了一次卡，作为对自己的奖赏。

一直以来，从儿子读幼儿园到出国留学，我的工资基本上是在供他学习，对自己最舍得花的钱，也就是买衣服了。当有一天突然觉得卸下了生活重担时，潜意识里首先想到的就是买几件衣服装备自己。

儿孙自有儿孙福。儿子还曾说，你应该有自己的生活，我渐渐长大了，也有自己的生活，如果你的生活仍然是以我为中心的话，还是少了自己的个性，如果哪天，我因为自己的生活而忽略了你，你就会受不了，也会让我难过的。

爸爸才是你最应该关心的人，也只有他会陪伴您到老。相互的被教育，也成了我们最新的相处方式。

他还经常监督我，不准我整天发微信，少看无聊小说，鼓励我学习创作。知道我学写歌词，还以自己对音乐的感悟教我如何去拓展自己的思维，像我曾经批评他一样，他成了我的家长。

儿子的话真正触动了我的心灵，在无限接近自己"生命的后半段"的时候，我才得以重新审视自己过往的人和事，忽而想起某日听到的"从今往后，做自己喜欢做的事，吃自己喜欢吃的东西，见自己喜欢见的人"。

于是，重新给自己制定了新的方向和目标。

很欣赏张德芬在《断舍离》这本书的推荐序里开篇的话："想要幸福，我们需要先放下对幸福的执念。具体有三步：断，停止负面的思考模式；舍，顺从自己的心割舍既有；离，松开'多就是好'的念头。"

真好，不必看谁的眼色，不必掂量别人的感觉，不必对谁负责，不必向谁解释。唯须保持一颗真诚和善良的心，游走穿行于尘世。

游了一回车河

周末无聊，儿子在深圳未归。他刚租了新家，我们老两口就惦着给他的新家"添砖加瓦"了。

于是借着买了锅铲并煮水、炸油帮他开好锅等理由，打算到儿子"新家"瞧一瞧。

老两口还计划着做上一餐家常饭菜，犒劳一下儿子吃了两周快餐的五脏庙，于是打了一个电话知会他一声。

谁知儿子说他的周末已安排满档。立马便觉得有被人讨嫌之疑，儿子马上说，来吧来吧，明天中午抽空候着。

翌日，买菜做饭，老两口屁颠屁颠地忙活了一个时辰，就匆匆地往深圳赶。

在儿子暂住的陋室，一家人囫囵地吃上了一个团圆饭，我们就打道回府了。

途中，心满意足的老公曰，唉，儿大不由娘！就当我们游了一回车河吧。

我把以上文字发在微信朋友圈里，儿子立即转发了，并附上一句，一个不孝儿子的母亲留言。

据说，一时间，儿子的朋友圈里炸开了锅，有的羡慕他这么大了还有父母给送饭的；有的夸他孝顺；也有的点评他老娘的文笔的，就连远在德国的女朋友，也提醒他是否因为讲话不注意方式，伤着老娘了？

年龄段不同，感悟也就有别。我的朋友圈留言最多的是一声叹息，唉，可怜天下父母心！

我则关注儿子的"不孝"之说，我只是调侃一下生活而已，也许不小心泄露了一些自己的情绪。真没有责怪儿子的意思，但儿子立马用检讨的口吻批评自己，反而令我欣慰中略感不安。儿子太懂事了，一点点瑕疵就责怪自己，太敏感。

说实在的，儿子从国外直接应聘回深圳后，我的心一直都被满足感所覆盖着。

深圳距东莞，在一小时生活圈内。他一个月至少回来一趟，既给了双方活动的空间，又解了彼此的相思之苦。比起那几年他在国外，除了每周一次通过冰冷的视频见见面聊一聊，已经好了不知多少倍！

再加上儿子刚回国，急需了解国内的市场和行情，也趁女朋友未回来之前轻装上阵，利用周末，多一些在深圳这种 IT 产业发展势头迅速的大环境中学习和融入，是一件好事。

说明儿子有上进心，咱可不能拉他的后腿。

做好调度员

儿子从山东回来不到一个钟头，我们娘俩就在电话里发生了少有的争执，我还赌气地盖了电话。

冷静下来细想想，我敏感地意识到，我失态了。家里从现在开始，必须开启双向思维的模式了。

本来嘛，女朋友从国外回来，正碰上生日。儿子休假前往，是很正常的事，我们老两口理应积极配合。

因为儿子工作忙，所以儿子去未来丈人家的礼物我们全权代理。

同事 Z 回去还拿这件事调侃自己的先生，你看看人家去丈母娘家是怎样的，你去又是怎样的。

儿子的同事波波也很羡慕地对儿子说，真好！去女朋友家，父母还帮你准备礼物。

那天中午 1 点 10 分，我准时站在深圳机场候机楼 F 的标志下面。先生去停车，儿子在地铁上。我一直在回味刚刚看到的一幕。

一个面容姣好的女人一边推着婴儿车，一边在寻找办登机票的准确位置。后面一个男人两手各推着一个大皮箱，两件羽绒服就搭在拉杆上。一个四五岁的小男孩哼哼唧唧地跟在旁边求抱。男人就蹲下来让孩子骑上自己的肩膀。

顿时，男人成为机场的一道风景。许多人开始行注目礼，还有人拿起了手机拍照。

我愣在那里，突然想到了一个词，父爱如山。

那个女人回头与他们汇合，才发现原来他们是一家人，各司其职，好温馨的场面。

这也是我想要的家庭生活的模式。

因为北方雾霾的天气，儿子所乘坐的航班紧急迫降在青岛。他果断地买了第二天一早去曲阜的动车票，与去济南接机的女朋友走岔了路。

"你到哪了？我们已到家""快了，一个钟头后到家""好，我们等你回来吃饭"。

看着儿子在群里与女朋友一家的互动，我终于真正感受到，从今往后，儿子不再是自己一家的儿子，还是别人的男朋友、丈夫、父亲、女婿。

心里不免有一种淡淡的忧伤和失落，但很快也意识到，这种情绪，有，也是人之常情，我非圣人，也难以免俗。

必须尽快调整，要尽快适应，否则，这种负面的情绪将会影响到今后的生活。也就是说，如果处理不好，会对今后的家庭生活埋下祸根。

问题出现并不可怕，怕的是角色定位不好，隐患重重。

两个人从相爱到结合，不仅仅是两个人的问题，还涉及了两个家庭、家族乃至两个人婚姻的稳定及幸福感的问题。

其中，角色的定位互换都很重要。夫妻，尤其是男方，调度员的角色是必不可少的。

问题出现时，双方如果都从自己的角度看问题，容易以偏概全，走极端，矛盾就产生了。

无规矩不成方圆。无论天上地下，如果没有调度指挥，必将大乱。

每个家庭经过二十几年的磨合，早已形成自己固定的模式。

所以我们不能把自己的想法和需求强压在别人的身上，凡事须考虑两面。

尤其是我们这种双方都是独生子女的家庭，更应该用积极的态度去应对未来全新的生活。

未来两家人的相处模式，就像两棵并排的大树，各自独立，但又枝叶交替共荣互存，为共同的子孙遮荫庇护。

曾经在一篇文章里看到这样一句话"尊重的力量是无穷的，它起码可以解决90%的矛盾，当你对另一个人付出尊重时，你会发现对方变得特别好说话，特别可爱，特别通情达理。"

所以，尊重对方，正确看待两家相处的新模式，是我们应该补上的第一课。

曾经听说过这样一个故事，一对小夫妻，生了两个孩子。女方的父母怕自己的女儿累着了。老两口就带着女方的姑姑一齐来帮忙照看这两个孩子。

小两口在卧室吵架，女方的母亲擅自冲进去指责女婿，"我们老王家全家都在照顾你们齐家，你还有什么不满足的？"男的一时气急了口不择言地说，"我早就受够了！这里除了我，都是你们王家的人！"接着摔门而出，去住酒店。

乍一听，好像双方都有道理。但细想，他们都是站在自己的角度来看问题。

这个小家，既不是齐家的，更不是王家的，而是他们夫妻二人共同的小家。

遇到问题，家人首先应该先缄其口，让小两口自己解决。这时候，如果家人"参战"，势必将矛盾复杂化。

因此，儿子，你们应该谨记这个故事，防患于未然，学习处理好两家的关系。我们做家长的也要学会什么时候该出手帮助时才出手，遇事不要消极地让事情扩大化复杂化。

儿子，调度员的角色，即将开始了。

你，准备好了吗？

写给未来媳妇的一封信

未来媳妇你好！

很高兴你能看上我们家的小子。欢迎你即将加入我们这个温暖的小家和割不断血缘的大家庭！

你们能走到一块，说明你们彼此已做了选择。选择什么样的男人女人，就是选择什么样的婚姻模式。

儿子小时候，我给他灌输的就是家庭成员之间要有亲密度和亲和力，坦诚，充满爱！希望你的加入也延续我们这一愿景并发扬光大。

自古以来，婆媳是这世上最难相处的。你我生长在各自不同的家庭，为了一个男人，先后走进了一个家族。将会成为这家子孙的妻子媳妇母亲奶奶。

我们之间人格是平等的，但终有长幼之分。做好自己的角色，本身就是一件有学问的事。

而一个家庭是否和睦，很大程度上取决于我俩。和平共处将是我们对这个家族最大的贡献。

人说，一个好女人，福荫四代人！

婆媳关系是否能融洽，基于三点认识。

一是婆媳是一个男人生命中最重要的两个人。

一个是缔造了他生命的人，另一个是将与之共度一生的人。所以不要轻易玩那种老掉牙的"我和你妈掉到水里，你先救谁"的游戏。手心手背都是肉。

只要没有抑郁、没有痴呆，我会尽量不让儿子做一个夹心人。

每个人都有自娘胎时就带来的或多或少的性格缺陷。有缺陷也不可怕，只要心地善良，明白事理，学会反思，哪怕她再强势，都是孺子可教也。

人说，再轰轰烈烈的婚姻，如果没有两人的世界观相同或者一方对另一方的包容，婚姻是很难坚持到底的。

人的一生，都有个三衰六旺的时候，不是每天都是艳阳天。老话说，脱衣见老婆，穿衣见父母。这是两种不同的感情。老婆可以换，父母则是不可以选择的。

正常情况下，夫妻情比父母恩更细更绵长。父母不能陪孩子一辈子，夫妻可能则是那个与你共度一生的那个人。

二是婆媳关系的双方对家庭观念认知的相似度是否高。

婆媳关系是否融洽取决于她们三观认可度的交织是多少。人与人之间的缘分，除了相识的缘，关键的还是取决于各自的生长环境、学识、教养以及三观接近的认知感。

婆媳二人，若非两人本心都好，为了一个共同的男人相互迁就外，其实是难以相处的。

试想两个学识教养差异很大的人，在思维交往中如何能融洽？唇齿都有打架的时候，生活中不可能没有矛盾，遇上了，双方都要事后冷静反思，找出问题的症结。就事论事地及时化解和包容，才会磨合衔接，关系才会融洽。

所以，各自要做好自己的角色。

人云婆媳是天敌。其实也没有那么可怕，主要看双方的教养有多大的差别及对问题认知的程度是多少。所以，前提还是男人本身有个怎样的娘及自己择偶的眼光是否毒辣准确。

每一个家庭都有自己的特质，每个家长都有隐性或显性的教育理念，它决定了子女的生长环境及性格的形成。

一个女人在一个家庭成长了二十几年，然后又走进另一个全新的家庭，适应需要时间。一个人的性格、生活观及世界观决定了一个人的格局和高度，表现出来的是与之相匹配的言与行，我们不能强求别人的人生观价值观和自己一样。

所以，明白和吃透这些道理，与人相处就会随和很多了。经常听到这样的话，我是嫁给你的，不是嫁给你全家的。

没错，日子是小家庭过的，但割舍不断的是血缘，让你没有选择，朋友如不喜欢可以断交，亲戚无论你喜不喜欢，它都在那里。

因为一些主客观的原因，几十年的婚姻生活中，在相当长的一段时间内，我的情感一直难以融入夫家。婚姻中的许多年，心一直在游离，找不准自己的定位。

忽有一天幡然顿悟，不管接受还是不接受，也不管贫穷还是富贵，夫家都是自己子孙的根。

于是，就开始学会融入接受了。认可度一确定，心就会随之而定。希望你能吸取我的教训，缩短融入的距离。

再者，一个家庭，女主人的心态和治家理念，直接影响着家庭的幸福！这方面，我曾经在一段岁月里，都没有意识到自己的问题。我的性格有点情绪化，容易在遇到不愉快的事情的时候，将自己的情绪表面化。

这种不良的情绪，无论对内对外，都容易产生负能量而污染周围的人际环境，在外容易让同事间有嫌隙，让领导不信任。在家则会影响丈夫和孩子的情绪，

久而久之，孩子容易因揣摩母亲的情绪，而担心是因为自己做得不好而引起母亲的不快，因而担心自己会在母亲的心里失宠，而处处小心翼翼。在无形中给孩子的性格埋下隐患，长大后，孩子的自信心不足。

此外，原本丈夫在外已奔波了一天，身心已很疲惫，回到家还不得安宁。长期生活在压抑的家庭氛围中，也容易使自己的丈夫暗生厌倦，而产生不稳定的因素。

妈妈心情晴好，家里就是艳阳天。

所以，有人说，妈妈是什么？妈妈是家人情绪的引路者，是丈夫、孩子精神的支持者！妈妈最重要的品质是快乐！

一个满面笑容的温和的妈妈比一个能干却严肃的妈妈对家庭的意义积极

一万倍！

我对你没有养育之恩，但我们既然有幸"服务"于同一个家族里，就应有一个共同的目标，让这个家族兴旺，让家庭生活温馨、舒适。

唯希望你在日常生活的磨合中，早日融入这个家族。我们也在漫长的"共同生活中"产生母女般的情感，值得期待！

三是对教育子孙的理念差异。

对儿孙教育态度上的分歧，很多时候也是一个家庭矛盾的导火索。每个母亲尤其年轻一代的母亲，都有自己对孩子的期望，有自己的理念并把它根植于孩子的日常教育中。

婆媳二人对孩子的爱是一致的，有时隔代爱更甚。但我希望自己做奶奶的时候，只会给你锦上添花，做一个有执行力的好奶奶。

婆媳二人，无论出发点是什么，都以实际孩子需要的教育和爱护为前提，求同存异。

俗话说，不是一家人，不进一家门。你我有缘同进某个家族，先后承担着继往开来的重任。我们有责任让"携手共建家园"此类口号落到实处。

三毛曾说，女人就像钢琴，需要男人去调教，弹得好旋律优美流畅。弹得不好，就是乱弹琴。

男人也如此，一个好男人，需要背后站着两个女人，一个是母亲，一个是妻子。

如今，我已完成了对一个好男人的"胚胎"塑造，儿子聪明、善良、孝顺、有责任感。其余的，留待未来岁月里，由你的精雕细琢。愿你们好好经营婚姻，打磨对方。

一次在小区散步时听到几个老阿姨在聊天。

有一个阿姨在感叹，过去家里都是等媳妇不在家里就做好吃的，现在是媳妇在家，家里才要做好吃的。

听到这些我笑了，双方都应该尊重对方，将对方真正视为家人，日子才会过的久远平和。

朋友圈里，一位熟识的年轻人，经常晒一些自己小家的温馨生活。尤其是每天早晨，她的家公家婆都根据养生的原理，做上一桌丰盛的早餐，开启全家新的一天。字里行间透出了对家公家婆充满的敬意和感激之情。

那些食品让人看得直想流口水，我更欣赏这家人相互关爱的温暖和融洽。暖心地想着，今后要以此为榜样，做一个好家婆，在有能力的时候，为子孙做一些细致的生活料理，让一家人感受到彼此的关怀。

在一个陌生的城市里，你们没有后台，没有靠山，需要凭自己的能力去打拼。

如果你们想要过上自己想要的生活，就必须好好规划小家的发展方向！让对方感受到彼此的用心，尊重彼此的付出。

无论生活还是事业，只要还有一点点的思考，只要不停下追逐的步伐，你就是充实的。只是累了疲了，一转身，你们就能看到两家的父母在家等你们！

你未来的婆婆

你跟着我们干吗

那个周末，晚餐后儿子提出要去附近的星河城走一走。她女朋友从国外毕业回来刚找到工作，想买几套适合职场穿的服装。

因为之前，我说过，等你找到工作，我就送两套职场服给你，所以我也跟去了。

在商场转悠的时候，儿子问我，你这里有自己熟悉的店铺吗？自己要买什么？我连忙说没有，那你跟着我们干吗？我说我帮你们付钱啊，儿子说付钱我有啊。我立马说，好，好，你们走走吧，我先回去了。

于是，我们分道扬镳。

因为每天都要散步，我给自己定有固定的步数，今天还未完成。所以我继续行走。后来又觉得，反正都要走，我也很久没逛过商场了，我索性又转回商城逛逛。

结果，又与儿子他们不期而遇了。我连忙说，你们走你们的，我就随便走走。之后，就迅速转移回小区里散步了。

不一会儿，就接到儿子的电话，问我，"你在哪？我们去找你。"我说在小区里散步，确定了我的方位后，我刚想放下电话。儿子接着又说，"妈妈，刚才对不起了！是我考虑不周，我不应该跟你说那样的话，让你尴尬了！再说，就算我要拒绝，那个时候，也应该婉转一些。对不起了，妈妈！我们现在就回去陪你散步。"

我突然就眼潮了，委屈感突然来袭。

一开始，也许事发突然，因为被儿子嫌弃很尴尬，我也没有想那么多。当儿子主动提出道歉的时候，我就觉得自己委屈了。

是啊，儿子长大了，早已不是那个当年跟在父母身边团团转的小屁孩。

作为一个母亲，陪伴儿子从小到大，走过三十年的路程，突然有一种被讨嫌的感觉，说心里没一点想法，没一点难受是不可能的，也是不可避免的。这是人之常情。

但是，这又是一个很现实的问题，是合乎人生趋势发展规律的。孩子需要长大，需要有新的空间，需要不断承担和演绎新的角色。他们会有自己的工作，自己的朋友圈，自己的配偶和孩子，等等这些，都会让他分心。

我们做父母的，就是要不断地去适应新的生活环境，对自己的角色重新定位，才能让自己的生活更充实一些，做出更好的安排。

儿子刚才的说法虽然突兀，但也情有可原。我仅仅是从自己的角度，觉得未来媳妇，刚找到工作，自己要去兑现自己的"诺言"，去付款买两套衣服给她，本无可厚非，但是，其实儿子已有工作，待遇也不菲，完全有能力有责任为女朋友买东西付款。我如果真想表示，也可以通过其他的方式进行。

再就是，儿子女朋友刚回来不久，原本素不相识，跟我们的接触也不多，在双方都不相熟的情况下，一起去选衣服也的确不是很方便，而放不开，这不是最好的选择。

想清楚后，自己就不再纠结了。再加上，在女朋友的提醒下，儿子也马上意识到自己刚才的鲁莽，放弃继续逛商城的打算，两人回来陪我继续散步，已是最大的孝顺了。我也该知足了。

一家人的相处，也需要磨合期。今后的生活，还会不断地出现新的问题，产生新的矛盾。出现新问题不要紧，最重要的是，要学会站在对方的角度，理性地看待问题。这也是生命的轮回。

少一些自我，生活可能会更有滋味一些。

你要尽量克服
依赖性太强的毛病

年终，在公司嘉年华活动的晚宴，组长趁着酒兴，对组里的每位同事都来个年终点评。

临到儿子时，组长说，你很聪明很谦虚很阳光，也很勤奋。如果我离职，只能带走一个人的话，我一定选择你。面对组长的肯定，儿子刚想偷偷乐，组长又接着说，你适合做项目经理，也适合做软件架构师，但我现在还看不出你更适合做哪一样，你要尽早选定今后发展的方向。还有最重要的一点就是，你做事太依赖别人来帮你收尾，你要尽量克服这个毛病。

儿子所在的公司是一个外资企业，在业界名次靠前。自前年被公司从海外召回来后，儿子一直在公司的研发部门开发产品。

工作积攒到一定的阅历后，就要向项目经理或软件架构师方向发展。项目经理与软件架构师的区别，就像盖大楼一样，项目经理是施工方的经理，管理土木人力工时方面；软件架构师就是负责画草图的建筑师。

总的说来，儿子职业生涯的头三年，还算幸运。前后遇上的两位组长，对他都不错。

一个在他初入职场时，教会他如何拓展自己，亲自引导他自学蓝牙低功耗的技术，并使之很快成为公司里唯一掌握这门技术的人。还尽量创造条件让他们接触客户，很护犊子，耐心教会他们如何与客户打交道。让他缩短了初入职场的不适感。

第二任组长在推动他扩大视野、全面发展方面，起到决定性的作用。针对他依赖度高的弱点，分派任务压他，鼓励他熟悉工作的整体流程，培养他独当一面的能力。

深圳 IT 技术产业发展不错，机会很多。儿子工作之余，与一帮同道之人，主动参加关于专业方面的各项活动，拓展视野。

私下里，我们母子曾经一起探讨组长向他提出的，关于喜欢依赖别人的原因所在。我也认同儿子提出的观点，喜欢依赖，除了他职场经验不足之外，根源还是在我这里。像现在的许多家长一样，我也曾喜欢对孩子的事情，大包大揽，生怕孩子在学业上分心和操心。

儿子的成长过程中，一路走来，我的行动和语言都一直在鼓励儿子，无论是生活还是学习，做自己喜欢做的事，你只管大胆地向前冲，其余的事，由妈妈来帮你解决。

久而久之在这种思维模式的潜移默化下，儿子虽然看似成熟了许多，但在认真做完自己的本分工作后，工作完成得不够彻底，总喜欢等着部门头头帮他收尾，有一定的依赖性。

幸好发现问题后，儿子喜欢反省自己，找到问题的根源后，及时加以改正。

但是如果我这个做妈的，早一点意识到这点，早点放手，会不会更好呢？没有如果。

现在你翅膀硬了

　　"现在你翅膀硬了""我以后不该对你抱这么大希望了，你一辈子就是这样的了！"用这种口吻说话的，很多时候，都是一个深爱自己子女的母亲，在自己一心一意含辛茹苦地照顾孩子长大以后，孩子因为一些事情对自己隐瞒或没有按照自己的想法去做时，最爱说的负气话。嘴巴是过瘾了，而且，这个时候的孩子，往往是闭嘴不吭的。但不代表孩子没有想法。

　　这种说说多了，可能还会无形中伤害到孩子。

　　我曾经也会在儿子惹我生气的时候，说出诸如此类的话，也一直没有意识到自己的话在孩子心目中的影响。直到有一次，我再次说出此类话时，儿子突然说，"你最喜欢给别人说的话定性，明明我不是这个意思，只要没有顺着你的意思来，你就爱说这样的负气话，你这是对自己和对别人不负责的表现。我根本就没有这样想过，是你强加给我的。我不说不代表是我对你的不尊重，只不过，我长大了，有自己的想法，有一些也不方便说，所以才不想跟你说。"

　　"妈妈。希望你不要多想，也不要再说这种负气的话。"儿子说。

如果你能证明我不是
他儿子，我立马就跟你走

悲欢离合，阴晴圆缺，是人生的常态。"离婚"二字，也许是许多夫妻，因某一件事或婚姻某个时段的影响，挂在嘴边的字眼。如果不是实在过不下去，婚姻并不一定要在遇到困难就急着去解体。

我的婚姻，也与大多数家庭一样，曾经走过低谷。甚至还出现过分居，几经磨合后，才逐渐走入温馨和谐。在这个过程中，儿子起到关键性的作用。

我跟儿子之间有过这样的对话，"我跟你爸离婚好不好？""如果你能证明我不是他的儿子，我立马转身跟你走，如果证明不了，你提都不要提离婚！"

看着处在叛逆期的儿子，成绩比原来落后了一百多名，看着儿子望到别人父母恩爱时那仇恨的眼光，我的心颤栗了！

我也深知单亲家庭或不在父母亲身边长大的海子，在性格形成的初期阶段，因为缺乏安全感，容易产生自卑感，长大后，在隐形的性格方面，容易有缺陷，性格不够稳定，在为人处世方面，也难于对人产生信任感等。

我参与制造了他，如果因此，他的心灵扭曲，毁掉儿子，就算我重新获得了幸福，我也不会真正得到幸福的。于是，我选择了儿子。

多年后，我一直庆幸当年的正确决定，现在，我的家庭平和温馨，儿子性格阳光、孝顺、有担当，也许是我一生最大的安慰了！

儿子在小学那会，刚学会"覆水难收"的成语后，他就"谆谆劝诫"我，你要忍耐还要等待。当时我就纳闷，小小年纪的他，懂什么叫忍耐和等待吗？而且，什么样的婚姻值得忍耐和等待呢？

现在回想起来，忍耐和等待，还真是点出婚姻中的真谛。牵手一生是两个人的事。两个原本不同家庭出生背景的人走在一起，需要磨合的地方还很多，比如性格、家庭、个人三观等。如果不能忍耐，即包容理解，就容易小事变大，或一发不可收拾，泛滥成灾了。

其实，两个人的婚姻，真正完全心意相通的是很少的。爱情是爱情，生活是生活。每个人都有自己的优缺点，如果每个人都多些放大对方的长处，而忽略对方的短处，多一些沟通，让对方了解自己的需要，也许，这个世界，就会少了一些怨偶。

一个平常的日子里，我们一家三口都在客厅里，儿子突然说，我很喜欢现在这样的感觉，什么都不做，只要一家人在一起，就觉得很幸福了！我眼睛湿润了。孩子的要求，只是需要一个有爸有妈安定的家。

据说，许多二婚的人，在经历了离婚再婚的反复磨砺后，心里还是会觉得原配好的，大有人在。如果婚姻中有了孩子，原生家庭长大的孩子更有安全感，孩子的性格也会更稳定。

在儿子准备离家读大学的时候，他对我说，妈妈，我现在长大了，如果你与爸爸实在过不下去，你，就离吧。

说实话，经过几年的再磨合，我也已经懒得离婚了。

我重新审视了自己的婚姻。在先生成长过程中，父亲早逝，母亲无能为力，他是在姐姐家长大的。曾经在同学中，凭着成绩，凭着个人的魅力，算是出类拔萃的，是个人物。到了师范，他是我们的班长，因为比我们大几岁，觉得他成熟稳重，颇受女同学的青睐。他选择了我，一开始，我也感到有点受宠若惊。我当时对婚姻对象的要求是，其他的条件可以忽略，但他本人一定要优秀，有能力，用现在的话来说，就是想找一个潜力股。

说实话，从世俗的角度来说，我是下嫁了。从家庭条件来看，我父母是农垦局的"双料"干部，他没有父亲，是在姐姐家长大的，姐姐姐夫都是工人。我也没有注意他的个头、样貌等等。只觉得，只要他有能力，今后一切都会好的。所以说，我们的感情，还是有基础的。

但是，我忽略了他是没有在父母身边长大的，姐姐家本来就不富裕，她自己本身还有4个孩子。寄人篱下的生活，他的性格容易有一些隐形的缺陷。

虽然，后来凭着个人的努力，情况有所改观。但在看似强大的背后，他有着自尊又自卑的性格。我们两家条件的差异，又让他在自卑的同时，喜欢说一些善意的"谎言"，而我又是一个真实、较真的人，矛盾自然就产生了。

回到东莞后，刚好遇到全民经商的年代。他说不想教书，我主动去找校长推荐他去做生意。他很想表现自己，但离开了他原来熟悉的环境，心里不踏实，同时没有经验，频频出现状况。生意没做好，麻烦不断，也影响了我作为一个教师的形象。

他越想做好，就越做不好，怕我埋怨就隐瞒，我发现了又埋怨。我们之间进入了一个恶性的循环中。

积怨的叠加，我们又没有及时化解和沟通。因此，我们的婚姻进入冬眠状态。我不断地反省着。

一个朋友就曾直接对我说，你们的婚姻走到这步，他有问题，你也要负主要的责任。是的，问题出现后，我没有以一个妻子的身份，站在他的角度去帮他分析原因，而是不断埋怨，沟通不畅。

但话说回来，抛开他的所谓生意，我们的家庭生活还算是和谐的。我们的性格具有互补性，他遇事举重若轻，我则举轻若重。在做家务方面，只要他在家，就不用我动手。

他还学习各种养生的方法，为我调理身体。将我身体各项危险的指标，控制在临界之外。

每天晚餐，他都会舀一勺醋花生放在我的面前，夜晚临睡前，又将一瓶盛着白开水的保温瓶，放在我床头，这种温馨的细节，常常像一股暖流温暖我的心。

我们相互容忍对方的性格和家庭，他尊敬并照顾我父母。

日子在两个人的互相包容中，渐渐走向平和。

其实，家庭与社会是一样的，是呈螺旋式的上升。我们都不是完人，也不是坏人，是两个完全不同的个体。只有在柴米油盐中磨合、成长，才能烹调出和谐家庭这道美味大餐。

千帆过尽，才明白，所有的遇见都是人生中的偶然，所有的经历都是人生中的必然。

少年夫妻老来伴。儿子说得对，爸爸才是最后陪伴你的人。

谢谢儿子对我们这段婚姻做出的努力，让我得以缓冲思考，看清自己内心的需求。

爱的教育

AIDEJIAOYU

被赏识是孩子成长的营养素

与 L 闲聊中说起一件这样的事。当着许多同学家长的面，儿子说她是两面三刀当面一套背后一套的人。

那日，她家与儿子几个同学的家庭联合搞家庭日。在活动的过程中，她儿子被同学的父母连连表扬，说他活跃、思维敏捷，知识面广，还懂礼貌。称赞 L 教育的好！

谁知她儿子突然当场发飙，指责自己的妈妈是两面三刀当面一套背后一套的人。L 感到很没面子也觉得很委屈。

同学家长连忙问他怎么这样说妈妈？结果他连珠炮似的声讨妈妈。说妈妈在人前就温和，背地里从不表扬他，动不动就斥责他。"你知道吗？我也是需要被表扬需要鼓励的啊！"

也许，孩子用的某些词语来形容妈妈，是不够恰当准确的，却也表达出一个强烈信号，那就是，孩子需要被赏识。

平心而论，L 是一个性格柔中带刚之人，更是个称职的母亲。儿子出生后，她从不以工作忙为借口，节假日几乎贴给了儿子。为了让他增长见识，陪他参加大大小小的室内户外活动。不擅长厨艺的她，还天天做爱心早餐给儿子吃，一直坚持到孩子读中学。

不仅如此，从小学到初中，在所住小区都有校车的情况下，她还坚持每天开车挤车流送孩子，目的就是让孩子在上学的途中，听听碟子，接受一些基本的国学知识教育，收效不错。孩子熟读《幼学琼林》

《声律启蒙》《三字经》《弟子规》等，极大地丰富了儿子的知识面和词汇，让儿子在同学中脱颖而出。

但问题也随之而来，因为他的"早熟"，在周围的环境里，总有一些"离经叛道"的状况出现，随着年龄的增长，L对他的掌控渐渐感到吃力。

于是，态度不再温柔，而是一不小心就摆出"母威"，直接导致表扬他的次数递减而批评次数递增，所以引发了他的强烈不满。

L的故事也引起了我的共鸣。记得儿子长大后，也曾给过我一个忠告。

他说，我小的时候你很少当我的面表扬我，让我总觉得自己缺乏自信。

不是吧？我一直在朋友面前赞扬你，朋友都知道我的儿子很优秀，我也一直为你感到骄傲啊！我说。

怎么会成了这样子呢？的确，我也很少在儿子的面前表扬他，只是每每当他的思想行为出现一点点不好的苗头的时候，我就会毫不留情地掐断它，认为这样做，才是对儿子真正的爱护。

儿子还说，其实，孩子很需要父母对自己的肯定的，如果孩子的行为能够得到父母的及时肯定，自信心一定会增强的！

听了儿子这番话，一开始，我也觉得自己很委屈，为孩子付出许多，但却得到儿子这样的评价！

冷静后，经过反复的自省，我终于想明白了。

我诚恳地与儿子交谈着，跟儿子打比方说，我曾经一直把你当作一块自己的试验田。然后死守在田边，只要田里长出一棵杂草，我立马给掐了。以为只有这样，田里的植物就会生长很好，但偏偏忽略了要想植物茁壮成长，除了大自然的阳光风雨，还必须给田里施一些肥料，也即营养素。

而你成长中的肥料，就是被赏识。妈妈顾此失彼了！儿子，对不起！

中外教育界，都有重视赏识教育一说。实际上，所谓赏识教育不仅仅是对孩子表扬加鼓励。最主要的是赏识孩子的行为结果，以强化孩子的行为；赏识孩子的行为过程，以激发孩子的兴趣和动机；创造环境，以指明孩子发展方向；适当提醒，增强孩子的心理体验，纠正孩子的不良行为。从而在孩子心理潜移默化地培养出自信心，以增强孩子自身面对社会的抗压能力。

所以父母爱孩子，不但要有为孩子甘愿化为花泥护花红的勇气，更要得道，否则，事倍则功半。

被赏识是人的本能，没有人会拒绝被赏识，被赏识更是孩子成长的营养素。

这么矫情

记得有一次去听教育家周弘的讲座，他首先问在场的父母，有谁每天问候自己的孩子：你今天快乐吗？

结果在场的为人父母者举手的寥寥无几。我当时也甚感惭愧。

这一句话很平常，但常常被人们所忽视。其实父母对孩子的一声问候一点关爱，能使孩子在一天中享受着快乐和温暖，好心情是可以互相感染的。

而且这种感染无须下多么大的力气，仅一句亲热的问候，就使得我们与孩子的空间亮丽和煦起来。在愉快中成长的孩子，性格会变得阳光、健康和随和。

难怪有人曾说，幸福的孩子是聪明的。但一向情感含蓄的国人，平时可以为孩子做一切，付出生命也在所不惜，却吝啬于用一点点温情关爱的话语来表达彼此的爱意，缩短彼此的距离！

那天听了讲座回来，儿子下午放学一进门，我就用柔和的口气对他说，儿子，你今天快乐吗？

儿子马上皱起眉头对我说，这么矫情！

我一听就不高兴了。那时儿子正处在高考紧张阶段，为了减轻儿子的压力，我才这样做的，谁知他还不领情！母子俩不欢而散。

凡事都不能太刻意，尤其是家庭中人与人相处的习惯和氛围。平日里，就算我与儿子之间的"妈妈爱"和"爱妈妈"早已成为一种自然而然的互动，但父母与孩子之间的谈话方式，如果没有形成一种默契而突然有变化，也会让家庭成员之间很不习惯的。

就像我们虽然也知道，被赏识是孩子成长的营养素，但你在说话的方式和语气上的不妥或突然变化，也会适得其反的。

我曾说过的朋友L，她在被儿子指责不懂欣赏后，也在检讨自己需要改进的地方。

结果，每当她表扬儿子时，儿子又会用逆向思维去反问，用不信任的眼光盯着她说，你是在赏识我吗？故意的吧？

所以与孩子讲话的方式，分寸一定要拿捏好，既要自然，又要让他们感受到你随风潜入夜般的诚意，而不显突兀和太直接。

这样容易让孩子对你产生不信任或认为你是矫情的，有东施效颦之嫌。

儿子那天晚修回来后，踌躇地对我说，妈咪对不起！我知道你是为我好，不过你的话说得也太突兀了，我不习惯这种说话方式。

我也不好意思地向他做了一番检讨。一场不愉快就化解了，但我们母子俩都心照不宣地不再彼此问候。

后来，儿子在我的手机屏幕上设置了"美女你今天快乐吗"的字样。

每天早晨一开机，这句话就蹦出来，一天的好心情就开始了。

"美女"虽是调侃，但也无不体会出，儿子长大了，心智也成熟了，他懂得了作为女人的母亲，也是需要问候和安慰的，他懂得了母亲的快乐，也是一个儿子最大的快乐。

学会忍耐和等待

留学几年，儿子曾说，最大的收获就是学会了隐忍。

出国在外，语言、学习和生活习惯和思维方式等等，自己面对的是一个全新的考验。

再就是，社会对每一个人都是冷面无私的。机遇面前虽不能做到每次都人人平等，但上帝是公平的，每一个人，总有自己此生的机遇青睐和光顾你。

很多时候，不可能让你随心所欲，需要你勇敢地去争取和面对。

所以，想收获一些东西，达成一些愿望，如果没有一点隐忍，即忍耐和等待，人是容易被抓狂的。这也许，也是每一个人一生中的必修课。

这让我想起曾经听过的一个故事。说的是一个母亲，在她孩子的思维没有真正形成自我的时候，对他的教育就从等待开始。孩子要求妈妈做什么的时候，妈妈不是第一时间就满足他的要求，比如，孩子说妈妈我要吃什么，拿什么，这个妈妈都不是第一时间去响应，而是耐心地对他说，妈妈现在正忙着做什么，你稍等一会儿。

故意让孩子的意识欲望遇到一些小障碍。潜意识里，慢慢地他就会知道，许多时候，人是不能随心所欲的。

久而久之，他就养成了一种耐心等待、体谅别人的好的习惯，当他向妈妈提出一些要求时，他就会向妈妈提出的是请求而不是命令，妈妈现在忙吗？有空就帮我做某某事情好吗？

听了这个故事，觉得挺耐人寻味的。这个妈妈对孩子的教育，太用心太到位了！

我们许多人的性格和习惯，都形成于自己最初生活的环境。在特定的语境中，完成自己最初的性格铸造的。

现在的孩子尤其是独生子女是很幸福的。孩子出生后，除了父母之外，还会受到来自爷爷奶奶姥爷姥姥等等甚至七大姑八大姨的关注，很容易过早地形成一种自我的概念，认为只要我想要的东西，马上即刻就可以达成愿望，继而积淀为一种较为自私的性格。

而这种性格一旦形成，在孩子希望达成的愿望，暂时未能达成时，孩子就会心理烦躁，甚至做出一种暴力倾向，或口无遮拦或自暴自弃，伤害自己的同时，也伤害了别人。

如果将之隐入自己的性格，接触社会时，一旦自己的主观需求受阻，就容易吃瘪。

因为，家人与社会人不同，家人可以容忍你的急躁，但别人没有这个义务，事事顺着你。任何事情都没有免费的午餐。

与其让孩子长大自己碰壁后，才去完善自己的性格，不如家长对自己的孩子从小有意识地加强这方面的铸造。

因为性格一旦形成，不是每个人在长大后能对自己独善其身的。即便是能独善其身，也要经历许多磨砺才能自省。

责任和担当

"他们中有当时世界第一第二首富亚四特四世及希特劳斯（美国梅西百货创始人）等，泰坦尼克号上的 50 多名高级人员，除了指挥救生的二副莱特勒幸存，全部战死在自己的岗位上。

"也有例外：细野正文是日本铁道院副参事，男扮女装，爬上了满载妇女和儿童的 10 号救生船逃生。

"回到日本立即解职，他受到所有日本报纸舆论指名道姓的公开指责，他在忏悔与耻辱里过了 10 年后死去。

"在 1912 年泰坦尼克号纪念集会上，白星轮船公司对媒体表示：没有所谓的海上规则要求男人们做出那么大的牺牲，他们那么做只能说是一种强者对弱者的关照，这是他们的个人选择。

"《永不沉没》的作者丹妮·阿兰巴特勒感叹：这是因为他们生下来就被教育：责任比其他更重要！"

以上这些文字，节选自网络中《泰坦尼克号禁播内容，你一定想不到》。其实，早在当年看《泰坦尼克号》电影时，我们已看到沉船后生死关头的人生百态，当时，只被它所表现的艺术性、人性和真爱所震撼。没有与现实挂钩。看了这篇文章，才真正为这群人身上那种担当的责任意识所折服。

就我个人的理解，我觉得人生于世，除了物质享受，是应该有一些精神上的东西所支撑。比如责任、义务，担当和大局意识。

　　说到这一点，我想起了一个中国式教育的故事。一个孩子不小心摔倒了，大人心疼孩子，就会第一时间不分青红皂白地敲打地面，嘴里念叨，打死它，跌痛我家宝宝了。于是，孩子笑了，仿佛刚才跌痛的不是自己，而是，碰他的东西犯的错。

　　让孩子的潜意识里认为，一发生事情，首先就往别人身上推责任，这样才会抵消或减轻自己曾经的过错和痛苦。长大后遇到问题时，处理事情首先想到的，就是往别人身上推责任，生怕委屈了自己，怕担责任。于是就有了那句口头禅"不关我的事"。

　　我当老师的那会儿，是非常注重学生这方面的培养的。平时向他们灌输的就是，做错事不要紧，也不可怕，但要敢于承认错误，担当后果。只要他们敢于承担，我就帮他们兜着，并且说到做到，不把问题上交学校。所以，学生们都知道我的性格。

　　记得有一次，课间的时候，一帮男同学在课室走廊踢球，不小心将走廊窗户的玻璃打烂了。有人报告了级长，级长到我们班去，大声呵斥，问是谁踢的？结果没一个人敢吭声，级长悻悻地回到级部告诉了我。我知道后，迅速回到班上，只轻轻地问了一句，谁踢破的？自己说，马上有人举手示意，是我。这里面，除了对我的信任，就是这位同学敢于承担的表现。于是，我及时肯定和表扬了他，并叫他赔偿损失。他愉快地执行了。

　　做了母亲之后，我对儿子从小就有意识地注意这种意识的锻炼，只要敢于承认错误，对他做出的承诺就决不食言。

　　为了培养他的家族意识，我自己虽然并不是很富裕，但勇于承担自己作为家族一员应该负起的责任。每次我都会把自己对这个家族做了什么，为什么这样做的原因都告诉儿子。儿子的担当意识，让我感到欣慰！

　　记得有一次，我又为家族花钱时，他说，妈，你是媳妇，为这个家已做得够多了！今后这些事，由你儿子去做吧。

以事说事和就事论事

因为曾经的职业习惯，我喜欢对孩子"讲耶稣"，即说教。儿子小的时候，每当做事欠妥时，我都会花一些时间，在教训他之后，跟他讲明我之所以这样做的道理，并成为了一种习惯。

有一次，我们去一个朋友家做客。席间，儿子又犯了一些小错，我当场就批评了他，随后这事就算翻篇了。

谁知过了一阵，朋友的儿子突然对着他妈妈说，你看看人家的妈妈，有事就说事。不像你，每次说一件事，都要把过去的老底全翻出来说一遍你才舒服。好烦的，你知道不？

那孩子的话，也不过是就事说事，但足以引起我们作为家长的重视。

一些家长不小心就会犯一个错误，即在孩子犯事的时候，不是就事说事，而是喜欢唠唠叨叨，顺带地将孩子过往的同类或不同类的事情，都一股脑地反复说来说去。

就是没有想到，孩子虽小，但也是有自尊的，有时过往的事情，他也许自己已明白，当时自己是做错的了，但家长还反复不停地唠叨，就容易引起孩子的反感，甚至会出现叛逆行为。

再就是因为啰唆，家长的形象也容易在孩子心目中，打一个折扣，潜意识里，孩子对你的尊重就会减弱，而你对他的教育就会相应的缺乏说服力，哪怕慑于你的威严，收效就不会明显。

周而复始，容易形成恶性循环。那么孩子对你的说教就会出现不耐烦或频频顶撞你了。

儿子懂事后，我们的相处方式一直是这样的，首先，妈妈要有绝对的权威，事情发生时，首先要听从妈妈的话，当场不能顶嘴。但是过后他可以申辩，如果妈妈错了，就要向儿子道歉。

因为这个习惯是在儿子从小就养成的，所以，儿子长大后我们的沟通渠道一直畅顺。但随着时间的推移，角色也在悄悄改变。我们的沟通方式也从就事说事转换成就事论事。

虽然，我们都将对方当成无话不谈的朋友，但在许多事情的决策上，我会尊重儿子的意见。儿子处理事情的角度会比我深远，比我更合理一些。

有时候，我纠结不清的东西，一到他那里，三言两语就疏通了我的思虑。儿子遇到的烦恼，我也会根据一些自己或别人的经验教训劝导他。尤其是他在碰到一些事情的瓶颈，解不开时，我们会互相探讨方法。

在某一件具体的事情上，我喜欢就过去曾经提醒过他的一些事项反复说。比如说，他留德后，我曾反复强调，虽然他现在上课做实验都是用英语进行，因为英语是全世界计算机的通用语言，但他毕竟是生活在德国，德语一定要过关。他虽然也在学，但总觉得学习的环境很重要，工作后会迫使自己去学习去适应，语言关就会突飞猛进。

所以在一次工作面试后，他因做题很好，但就是担心语言不过关，而患得患失时，我又说了，早就叫你平时抓紧时间学德语，他不悦地说，现在说这些还有用吗？我说，是，面试的事，过去就过去了，不行我们再继续投档，但做任何事我们未雨绸缪总没错。

现在有些事情反复说，是希望他能及早规划好自己的人生，管理好自己。不管他是否接受，也不管他年龄多大，做父母的，该尽到责任还是得尽的。

母爱无声

"临渊羡鱼，不如退而结网；扬汤止沸，不如去火抽薪。羔酒自劳，田家之乐；含哺鼓腹，盛世之风……"每天清晨，从家到学校，约二十多分钟的车程，不管车厢外繁忙的世界如何的匆匆，在温暖的车厢里总是定时飘荡着《幼学琼林》声情并茂的配乐朗诵。

这是我偶尔坐同事 L 的车上班时，无意间发现的一个小秘密。

她每天播放一小节，反复看似随意地播放，朗朗的诵读声配以古典、舒缓的轻音乐，将她儿子头脑的生物钟从懵懂中唤醒，让这些优美的词句慢慢地浸入他的脑海，根植于他的记忆深处，直到儿子在无意识中记熟某段词句。

几年了，风雨无阻，这是 L 与儿子每天的固定节目。每天挤出上学的这点时间，也不用刻意，直到他背熟才换。

晚上经常在他临睡前，帮他复习当天听过的或前一段时间所学过的某个段落。

几年工夫下来，她儿子竟然在无意识中背下整本书来。下午放学回家的路上，车厢里她又与儿子交流当天的所见所闻，从学到的知识到为人处事等方面，一问一答地帮助儿子梳理他一整天的思维。

本来，她居住的小区里，是有校车搭乘的，她平时也很重视从小培养孩子的自理能力。但是为了争取利用这点时间，她宁愿自己辛苦，耗费一些时间和汽油，每天在孩子学校门前与众多的小车一族的家长去挤，在车流缝隙间穿行。

《幼学琼林》的内容分四卷，从盘古开天说到清朝的历史。知识面广，上知天文，下知地理，涉及政治、经济、文化、历史等包罗万象。词句工整对仗，有许多成语典故。

读经诵典，说来惭愧，我自己一直都很想读一读《幼学琼林》，但也一直都原谅自己，而抽不出时间来读。

L说，她给孩子读《幼学琼林》的初衷，只是练练孩子的记忆力，给他的国学根基打一些底子。不曾想，儿子还真的喜欢上了。现在，他说话的词语是一串一串的，小小的年纪跟人说话总会不小心就蹦出一个成语出来，令人忍俊不禁。

母爱无声，令人钦佩。最重要的是她抓住这个年龄段孩子的特点，无意识记忆是他们这个年龄最佳的时期，脑海里拥有无限的空间来储备各式各样的软件，再加上低年级的孩子学习任务，也没有那么繁重。

也许，孩子对所读书籍的含义，当时也不一定都能理解，但他们的脑子，就像海绵吸水一样，给多少接受多少，无论优劣照单全收。储存在记忆的深处，终有一天在一个也许平常也许特殊的场合，它就被激活而复苏了，一辈子都会受用无穷。

这就需要有人及时去做这件事和负责引导孩子们，对正气的事物和观念的理解。家长是第一候选人。

我曾经听过儿童美学小说大师曹文轩的一堂讲座，受益匪浅。

他说，书有很多种，有些书是用来打底的。所谓的打底，就是把人世间真、善、美的一些概念和理念灌输给孩子。

俗话说，三岁看老。人小的时候最初看到的影像和听到的话语会深深地烙在他的脑海里，它对孩子今后世界观和人生观的形成，将会起到关键性的作用，所谓润物细无声。而父母，尤其是母亲是孩子最早，也是最好的老师。

有人曾把母亲的素质问题上升到国家的高度，说是国家与国家的较量，就是母亲与母亲的较量，而母亲的素质直接影响到孩子的成长。我非常赞同这种说法。

好多年前我曾去过黄山旅游。有一站是去黄山脚下的安徽黟县西递村游览。

　　在参观徽式建筑、领略徽文化底蕴的时候，我对当地曾经的一个风俗民习，特别感兴趣。

　　说的是明末清初，农闲时，当地人家会把自家的女儿组织起来，也把已经与本村的小伙子定亲的外村女孩接过来，让她们一起接受教育，教她们做一个知书达理的女人。

　　因为他们深知，自己的女儿有知识有教养，教育好儿孙，自己女儿的一生，才有保障。而未来的媳妇有文化，对自家的丈夫和孩子才会有收益。

　　所以当时西递村，一些八九十岁的老太太还时常戴着老花眼镜，手上拿着大部头的古籍在阅读，母贤子孝家和睦。我真是佩服西递村先辈们的真知灼见。

　　记得有位教育家曾经说过，教育了一个男人，就只是教育了一个男人，而教育了一个女人，却是教育了一个民族。

　　每个做母亲的人，都以自己对这个社会的认知和自己拥有的学识去认真履行着母亲的责任。

　　母亲爱孩子，有许多种方式。生养孩子，不仅仅只是满足孩子的吃饱喝足。

　　如何教育好孩子，那就要看每一个母亲对承担这个角色的认知程度和自身的素质了。

缺钙的父爱

　　人们在赞美父亲的时候，最喜欢用父爱如山一词来形容。父爱像高山一样巍峨雄伟，像高山一样浑厚深沉，像高山一样挺拔、坚实。

　　一个人最初的教育是来自于家庭的，每一个人的成长过程中，父母对他的影响是旁人所不可替代的。中国传统的家庭中一般是采用男主外，女主内的形式生存着。

　　母亲在孩子的成长过程中，所扮演的角色是很重要的，母爱，往往是热烈而直接的，天性使然让他们的护犊之情充分地诠释着。父亲则容易以自己是家里的顶梁柱自居，而把教育孩子、照顾孩子的责任推给母亲，做甩手掌柜，再加上男人在一般的情况下又不善言辞，父爱所以往往表现出的就是深沉而含蓄的。

　　所以中国有一句古话，"宁要讨饭的娘，不要当官的爹"。许多父子关系也一如一首歌里所写的意境一样，父子俩仅仅是偶尔默默相对饮几盅。

　　电影《那山、那人、那狗》是涉及父子关系的感人的好作品。剧中父子俩朝夕相处，却从来得不到相互的理解，看罢使人感叹不已。

　　天地万物之间讲究"平衡"二字。母亲作为一个女性，其阴柔的一面，在对儿子阳刚性格的培养上，是有欠缺的。

　　因此，从某种意义上来讲，母爱又是替代不了父爱的。儿子如果缺失父爱或父爱不足，将会直接给孩子的性格培养方面带来或多或少的缺陷。

父母的一言一行对儿女所产生的影响，是潜移默化且不可估量的。父爱充裕的孩子，男的性格会稳定踏实，女的性格会热情开朗。

说来也怪，观察周围的人，我发现了一个有趣的现象，那就是每个孩子长大成人后在寻找配偶时，潜意识里都喜欢用自己的父母作为参照物。

就拿父亲来说吧，如果父亲对女儿是一个疼爱有加的铮铮男子汉，女儿就容易染上恋父情结。成年后择偶时，她就会以父亲为蓝本，去寻觅自己心中的白马王子；如果父亲在女儿心中是个平凡的人，女儿长大后就会随便找一个普普通通的对象；如果父亲在女儿心中是一个窝囊废，那么，她今后要么就去找一个父亲型的丈夫，希望他为自己的一生遮风挡雨，要么就去找一个各方面能力都突出的，或者属于潜力股的男人做丈夫，去弥补她儿时的缺憾。

父亲对儿子的影响则是无形的。父亲的性格中作为男性特有的品格，如坚毅、果敢、负责、仁爱等阳刚之气，就像钙质一般地铸入到儿子的脊梁里，使之坚挺。

也就是说，如果父亲的形象在儿子的心中是高大的，那么儿子从小就会以父亲为榜样，所谓"老子英雄儿好汉"，"虎父无犬子"等词句，就是对此最好的注解。

这种天然的父子间的关系，直接影响着儿子性格的形成。记得我曾经看过一篇写贺龙将军如何教育子女的回忆文章，文章其他的内容，我已记不清了，但文中有一个细节却让我终生难忘。

说的是有一年，贺龙趁暑期带孩子们去海边度假。

有一天，他带孩子们去游泳。那天的天气刚好有点起风了，当他的一个儿子站在高处，看到脚下是一片微微泛起的波浪时，心中稍稍犹豫了一下，贺龙一把就将他推了下去，说，男子汉大丈夫，这点困难算什么！贺龙在教育儿子方面也一如他铮铮铁骨的性格，阅罢令人心生敬意，荡气回肠。

当然，中国传统的文化，已根深蒂固地影响了中国几千年的历史，男人流血不流泪的气概，也早已深深地烙在许多男儿的心中。当年刘德华的一首《男人哭吧哭吧不是罪》曾为男人的宣泄找到了借口，让男人们的憋屈，得到了暂时的释放。

但是，如果父亲本身的形象不佳，或者本身就是一个窝囊废。那么，这个儿子的脊梁骨，常常是缺钙的，也就是人们常说的，性格中缺少阳刚之气。

有一个小伙子，人很聪明，形象也不错，谈吐也算是礼貌大方的，但他的眉宇间总有一股抹不去的淡淡忧愁。

一次我在与他闲聊时才发现，他看似平静的外表下曾经潜藏着一颗自卑的心。深究其原因是因为从他懂事开始，父亲就总是以一个失败者的形象，出现在他的面前，使他内心深深地打上了自尊而自卑的烙印。

当某一天的早晨，他准备去上学而被父亲的债主堵在家门口的时候，那种他那个年龄难以言说的恐惧感，就一直如梦魇般地追随着他，给他的内心蒙上了厚厚的阴影。

高考时，他逃离般地全部选择到外地的大学去读书。上大学后，他成绩很不错，为了改变自己的性格，他还专门选修了应用心理学课程，开始学着如何去调节和管理自己的情绪，内心深处的自卑心结才慢慢地打开了。

他说，儿子应该是父亲的影子，在儿子身上应该体现出父亲应有的一些特质和家族的烙印。

儿子成长的时候，心灵需要的是来自家庭中尤其是父亲的安全感，如果父亲不能够在儿子的身后，为他撑起一片天，让他感受不到温暖和踏实，心理缺乏一种可以依托的东西，那么这个儿子的骨子里就一定会缺乏一种硬气，他的天空就会很低很低（自卑）……

这个故事，也许仅仅是个案，但对我的触动很大。一个坚挺的父亲对儿子来说意味着什么呢？意味着儿子的内心深处，在他成年后，是否能够有足够的信心，去演绎好一个成年男子的角色，即儿子、恋人、父亲、公民等形象。

男孩子小时候，如果心理缺乏来自父亲的安全感，就会给他的性格注入很多不安定的因素，譬如脆弱、敏感、情绪不够稳定、不自信、有时甚至偏激、逃避等等。

也就是说，缺钙的父爱直接影响到儿子将来的人生和家庭幸福。平时生活风平浪静时可能还显示不出来，生活中一旦有一点的风吹草动，他的不稳定的情绪，立刻就会表现出来。

成年后的他，即使用积极的态度去努力纠正和加强自律性，也难以真正抚平他心中曾经遭受过的创伤。直到他的思想真正地成熟起来，懂得了在自己性格中最脆弱的地方重锤锻炼，或是他也成为了别人的父亲，并将自己的缺憾加倍地弥补到他孩子身上的时候，也许，到了那个时候，他的内心才会真正地得以释怀。

人们常常感叹或自嘲地说，性格决定命运。但是很多人却忽视了一点，那就是，家庭和成长的环境决定着人的性格。父亲对儿子人格的形成和培养，起到决定性的作用。要做好父亲这个角色，需要个人的修为和责任感。

父爱如山，才能撑得起儿子的脊梁。

儿女是父母行动的翻版

听说过一个故事。一个父亲开车带儿子出去兜风时，用纸巾擤完鼻涕后，随手就摇下车窗扔出了窗外。儿子有样学样，捡起父亲放在车里准备买路桥费的一百元，立刻摇下车窗也扔出了车外，并且很开心，觉得很好玩。父亲哭笑不得，虽心疼那张百钞，更感受到了自酿的苦果。之后，他痛定思痛，下决心改掉自己开车随意乱丢东西的习惯，这种不文明的陋习，为儿子树立一个好榜样。

言传身教，真不是一句空话。父母是孩子的第一任老师，其言行直接影响到孩子对事物的看法。

说到这一点，朋友 Z 也谈起她曾在女儿面前遇到的一件尴尬事。一次，Z 丈夫从一个朋友家拿回一袋水果，Z 看到里面的梨子不够新鲜，顺口说了一句，不早一点给我们，都不新鲜了才想到给我们。

女儿当时也在现场，正在自顾自地埋头摆弄玩具，没有吭一声。念及女儿还小，所以他们夫妻俩在孩子面前也没避讳。

过了几天，当他们一家人准备去一个朋友家做客时，Z 也顺手拿了一些家里现有的东西作为伴手礼。5 岁的女儿突然说，妈妈你别拿这些东西去了，到时人家也会像你一样，投诉你们，不吃的才拿给人家，这样多没面子啊？Z 听了女儿的话，脸一下腾地红了起来。子不欲勿施于人。女儿大了，开始懂事了，从此他们再也不敢在女儿面前说别人的背后话了。

父母是儿女的一面镜子，耳濡目染，孩子的性格形成，有很深的父母烙印。有怎样的父母，就会有怎样的孩子。

乖乖的不惹老师生气

我不想去幼儿园了，老师批评我，不喜欢我了。妈妈说，你乖乖的，不要惹老师生气，以后老师就会对你好了。这是朋友Z与女儿的对话。

我们就这个问题探讨起来。是否乖乖地让老师关注自己，还是要让她学会坦然淡然地看待别人对自己的态度。

这也让我想起儿子小时候，关于老师的话题。人是择群而居，择人相处的。儿子刚进幼儿园时，他遇到了三个老师，他按年龄将她们分为大老师、中老师和小老师。因为大老师是我们同事的太太，所以对他较好，于是，他与大老师最亲近。小老师是一个外来的小姑娘，也很照顾他，有时候外出去办事也顺手牵着他，让他受宠若惊。中老师则是本地人，又是镇文教办某领导的亲戚，平时总是嘟着一张嘴，少言讷语的。因此，儿子也很怕她，不愿与她亲近。每天从幼儿园回来，他都会汇报哪个老师如何如何，极少谈到中老师。

每个人的潜意识里，都希望自己能得到别人尤其是与自己生活休戚相关之人的重视，比如父母、老师及身边的朋友等，这是人的本能。

其实，关爱孩子首先是父母的事，家长不要将希望过多地寄望于教师。教师只是一种职业，如果碰上烦心的事，是很难随时保持自己每时每刻都保持好情绪的。

况且一个班，有几十个小朋友，老师天天忙着，也很难一直兼顾某个小朋友的。因此，自家孩子自己多疼一些，多关注一些就是。

遇事因势利导是最好的教育方式之一，挫折教育是每个人不可避免的选择。刚才已说过，孩子乖一点，老师也许某个时段会对孩子好一些，但不可能是长期的。如果为了让老师对自己好，就一味地乖乖地听话，在某一个时段，也许是对的，但是，这是孩子唯一的选择吗？不，不是的。

如果从小养成了这种习惯，长大后，在需要处理人际关系的时候，孩子很容易做出的第一个反应就是，首先去巴结别人，如不奏效，孩子很容易怨天尤人，而较少从自己身上找原因的。

让孩子学会关注别人的情绪，也是一种能力。

学习推理过程是
一个人必备的行为品质

L很烦恼，儿子与数学老师杠上了。儿子在做数学作业时，不按照老师的要求，把求证的过程写出来，偷工减料地直接写出答案，还为自己的行为辩解，并美其名曰，节省时间来做其他的作业。谁知数学老师却不同意其儿子的做法，一定坚持要他写出步骤，还放言，如他坚持这样，我没法教！

L担心儿子与老师之间关系僵化，与我讨论解决的办法。因为打从读书起，数学就不是很青睐我，所以我在Q上讨教儿子。

儿子说，你首先问他是不是觉得题目很简单？如是又都对，他就要朝更高的目标进军；如果有错，到底错在哪个步骤？要弄清楚，老师才知道你错在哪里？才好帮你纠正。还说，老师希望了解的是你的推理过程，而非数学题本身。数学题总会忘的，但学习推理过程是一个人一辈子都必须具备的。一味地做作业，教条地做，知其言而不知所以言，这样就不会真正达到教育的意义了。

在与弟爬山时，我们也探讨过这个问题。弟也说起了他自己亲身经历的一件事。

中学时，每次老师叫他交数学作业时，他都说，我会做，就不交了。那时的教育抓得没有现在严，他不交就不交了。

　　谁知等到高考模拟试时，他第一轮就被刷下来了。因为那时也不是人人都需要参加高考的，所以，他提前结束了自己的学习生涯。

　　直到现在，同学聚会时，老师和同学一见到他，经常都拿他不交数学作业的事来调侃他。

　　事实上，当时老师讲的时候，他也许是明白的，但理解得并不透彻。有时候做作业是为了加深记忆，理清自己的判断推理过程。

　　我与儿子曾经讨论过中外教育体制的差异，我国的教育偏重于划重点，有范围有标准的答案，极大地限制了学生的思维。而国外虽然每个学科，也有一定学习的范围，但更强调的是举一反三的作用。

　　教师对于教学原理只起到一个引子的作用，让学生自己去探索，引导学生自己找资料，着重培养学生的思考分析能力。

　　记得多年后，儿子曾经总结自己成绩曾经下降的原因是"浅学习"，即基础知识不扎实，没有吃透概念，过于追求解题技巧。人的"浅学习"是自己学习下降的表象，真正出的问题，不是学习方法而是人的思维方式，即人的"深度学习"。

　　所谓"深度学习"，就是主动搜寻信息，然后加工整理，使之变成自己本身的能力。

　　亚瑟·叔本华曾说过："如果大量的知识没有经过自己细心地思考加工，那么它的价值也远远逊色于数量较少，但却经过大脑反复斟酌的知识。"

　　所以，教会孩子夯实基础、吃透概念，理清自己的判断推理过程，是教师及家长必须坚守的底线。

情绪管理，你学会了吗

"我每天都在为你进步，你却对我大吼大叫。不喜欢你发脾气不喜欢讲道理。我觉得我已经够好了，只是有一点点不好的嘛！"真是令人难以想象，这种朗朗上口正气凛然的话，出自一个五岁孩子的口，也是对自己母亲的控诉。

从她的控诉里，听出了她希望自己能引起母亲的重视，但不喜欢母亲在对自己发脾气甚至还赌气，拒绝听母亲平时对她讲的道理。说明社会在进步，连这么小的孩子都能够表达自己的诉求。

女孩子的母亲着实被骂愣住了，片刻的思考，她迅速调整心态，用平和的语气对孩子说，对不起！妈妈错了，只考虑到自己的情绪，而没有顾及你的感受。你希望妈妈以后怎样做呢？妈妈的平和湮灭了孩子的怒火。

这就是现代父母与我们的父母之间最大的区别了，懂得反省自己。其实，每个为人父母者都是没有经过培训就上岗了。父母如果能够愿意改变，带着觉知，与孩子放下对立，去开启孩子的一扇又一扇门，与共同成长，才能不辱父母使命。

每个孩子都希望父母将所有的爱都倾注于自己，这是人之本能。因此，许多孩子潜意识里都希望自己做得更好已引起父母对自己关注。

但人生不如意之事，十之八九。父母在生活或工作中，难免会遇到不开心的事，由此产生的不好的情绪很容易转嫁给儿女，而儿女又基于对父母的爱，也被动接受父母的坏情绪。父母亲在情绪失控的时候，喜欢打着爱的旗号，用道德绑架孩子。孩子们最常听到的一句话就是，我是爱你的！这样做是为你好。

还有另一种情况就是，父母很容易忽略孩子对自己发出的"求爱"信号，简单粗糙地处理与孩子之间的事情。像文章开头能发出的呐喊来强烈表达自己需求的孩子并不多，大多数孩子都只会在心里埋怨或悄悄不满。在这种氛围成长的孩子，某种性格在那一刻已经形成。

父母太强势，对孩子管制束缚太多，孩子长大后要么就有样学样，要么性格就会有懦弱拘谨的一面，做事放不开。

常常听到一句老话，龙生龙，凤生凤，老鼠的儿子会打洞，老子英雄儿好汉等等。这种看是基因强大的表象，倒不如说，是孩子在长期的耳濡目染中，早已将父母的人生观世界观等主动或被动地深植于骨子里，在自己的人生中，重复父母的过去而已。

曾经很长的时间里，我一直相信，我也许不是一个合格的妻子，但我绝对是一个好母亲。但在儿子成年后，一次偶然的交谈中，我才知道因为自己情绪的不稳定，给儿子的成长，曾经带来过一些不良的影响。缺失，也许他成长中可以补救，但一些遗憾，已铸进了儿子的性格。

曾经看过一个视频，是心理咨询师赖佩霞的演讲，题目是《幸福为什么那么难？》。演讲的内容让我耳目一新。

主要是讲原生家庭对我们每个人价值观的形成有哪些影响。她说，母亲不快乐，儿子会快乐吗，敢快乐吗？让我不由地想起儿子曾经对我说过的话。

儿子说"小时候我不听话惹恼妈妈的时候，最害怕的不是挨打，而是妈妈不理我，觉得妈妈不爱我了。如果妈妈突然阴着脸不说话，就以为自己又做错什么事了。所以长大后特别在意别人的看法和感受，生怕在别人面前出错，以至于自己在外人面前，常常觉得不自在。"

听了儿子的叙述后，我才开始关注和反思这个问题。是的，我们在原生家庭里奠定了自己最初的性格，或许刚性或许懦弱，做父母时又没有进行必要的持证上岗的培训，因此，我们只能边体验边摸索经验，与孩子一同成长。但在陪伴孩子成长的过程中，柔软自己的性格，让孩子在真正宽松的环境中，养成阳光、公平、上进的性格，是每个父母应该正视的问题。

S 和她不缺钙的儿子

我们分手了。这几个字冷不丁地从 S 两片唇里轻启开来，落在我耳中，却如响雷一般，当时我正往嘴里送食物，愕然地合不上嘴。她轻描淡写说。这是？怎会呢？竟然还是他先提出的。我疑虑地望着她，她外表平静，不起一丝的波澜。

一天逛街，遇到一件趣事，看见两条狗在求欢。一条高大毛茸茸的宠物狗立着，另一条矮小全身没毛的家狗，站在它的后面，踮起脚往上骑，跳来跳去，就是骑不上去，周围的人看了都哈哈大笑，旁边有个人撇着小嘴说，哼，它们又不是同类。我也笑了。这个小故事虽然有点色，但我突然就想起了 S 曾经的婚姻。

这是一段建在沙地里、灵魂不对等的姻缘。男的原是 S 妈妈的学生，S 妈是一个幽默风趣的人，只要她出现，任何场面都不会冷场，她常常能把一个不善言笑的人，说得蹲在地上，捧腹打滚地笑个不停。她用自己的性格把孩子们调教得个个是幽默搞笑的高手。所以他们家总是欢声笑语。

S 妈从不在孩子面前与丈夫吵嘴，她最拿手的好戏就是夫妻"开战"时，两口子打笔仗，骂对方的话都是通过书面语言来较量的，实在气不过的时候，她就自己偷偷跑到后山的树林里，悄悄痛哭一场。然后擦干眼泪，调整好笑容，再出现在孩子们面前。她觉得应该为孩子们从小就营造一个和谐的家庭氛围。

男的则出生在一个工人家庭，父母身上也没有一丁点的幽默细胞。他很喜欢老师的家庭，不善言辞的他，就常常借机到老师家坐坐或蹭饭吃，目的就是想多一点感受一下老师家的气氛。

为了接近这个家庭，他将目标盯在了老师女儿S的身上。在他锲而不舍地追求下，S的心开始松动了。后来，他们开始谈婚论嫁。

在他回来结婚的时候，S和妈妈到城里迎接准夫君的回来，顺便在城里置办一些结婚的用品。S妈向未来女婿提出了一个要求，让他买一条金项链送给S。他愣住了，当时他们周围的环境都不兴这个，也没有这种先例，他以及家人都没有这方面的打算，因此，他极不情愿地从原本不多的存款中挤出来买了一条金项链送给S。回去后就愁眉苦脸地将此事告诉了父母。不到半天的工夫，整个农场就传遍了S妈带着女儿在城里拦截男友逼其买项链，不买就不肯结婚的消息。而且有好几个不同的版本在同时演绎。

S家的人更是百口难辩。S妈苦心经营了几十年的好名声，毁于一旦，并成为众矢之的。这些唾沫子也随着他们农场的人，漫游到全国各地。

那段时间，只要曾经同一个农场的人在外地相遇，一准拿这条爆炸新闻作为话题的开场白，马上能引起对方的共鸣，拉近双方的距离。没有人去考证事情的真伪。

人言可畏，这些杀伤力很强的话，犹如一道咒语，像当年王母娘娘手中的簪子，在两个家庭中划过一道无形的银河，从此双方的家长，虽然从未吵架，但基本上互不来往，直到十几年后，他的父母相继去世。

这条项链，犹如一根钢丝，直刺S家人的心里，也勒断了他们婚姻的未来，成为他们心中永远迈不过去的一道坎。

十几年来，一动就疼，像得了风湿一样，阴天下雨，总是不定时地发作。这对于一个将名声和自尊放在重要位置的S妈来说，无异于在她身上投放一枚炸弹，入心入肺，炸得她体无完肤。

其实，S妈心里如明镜一般。一个女人，如果结婚时男方家里没有一件纪念品送给她，她会埋怨嘀咕一世的。没有几个女人会是大度不计的。为了女婿将来不在夫妻吵架中败阵下来，一辈子理亏，她才决定这样做。谁知道竟弄成现在这个局面。

S 出嫁时，S 妈把嫁女所收的礼金及娘家的陪嫁钱和全家的祝福，全部都压在了女儿的箱底，后来他们夫妻俩，就是靠这些压箱钱，度过了最初的城市生活。

婚后，他们努力地磨合着，小日子也慢慢有了起色。S 继承了母亲的秉性，持家有道。她客气对待公婆，按月付老人的生活费和保姆费，逢年过节一起吃个饭，教孩子亲近老人，但拒绝与他们同住。

因此，S 成了他们农场来的人家中"恶媳妇"的反面教材。虽然没有跟他父母同住一屋檐下，但他父母生命中的后几年，遇到的所有大事难事，都是 S 在帮助打点，出钱又出力。

有时在医院里，护士看她跑前跑后这么尽心，还以为她是女儿呢！她帮助他调换工作，后来他又被下岗，也是她出资让他自谋职业。

平日里，偶尔，她也会觉得他不如意，但她从未想过要离婚，她想，牵手是一辈子的事。

婚姻犹如两条带齿的木条，榫头咬合，才能合二为一，反之，就像两条平行线。

他始终融不进她的世界，又不愿改变一些东西。

有一天，没有预兆的，他说，我们分手吧，她问，为什么？没有为什么。他说。她不同意。

S 万念俱灰地回到娘家，谈起这事，家人态度出奇的平静，只有关爱她的表情，像是给她吃了一粒定心丸。

一年后，她轻声问他，你对这个家一点都不留恋吗？他连说了两句，不留恋，不留恋！她说，好，我同意！孩子归我，不用你出赡养费，其余的，你随便拿。只有一个要求，等孩子初三毕业，我们才公开。

那年孩子在读初二。去办离婚手续的前一晚，与她分居一年的他，突然眼睛红红地来到她的房间问她，我们可不可以不离？她回答说，不行！

分手不到半年，他就再婚了。

我们再次见面，又是两年之后。

那天，她主动把我带进她的"闺房"，进门的那一刻，我的眼睛湿润了！洁净舒服的床铺，满屋温馨的气息，还有床头柜上摆着的那一帧照片，都准确无误地传达着一个信息，她的生活很好。

在她乐观坚强的外表下，一直把自己的心捂得紧紧的。能向我打开自己紧锁的心门，我深深地感受到了自己被信任的感觉。

S的儿子高大威猛，一米七八的个头，形象阳光，懂事可爱，待人接物彬彬有礼。他曾经学过语言表演，也多次出国参加过表演。常常用他经过系统训练的抑扬顿挫的语调说话。心理素质蛮好。

他说，阿姨，我不缺钙。爸爸打算离婚的前几年，已悄悄做了一些手脚，不再付任何家用，就连中午煮饭给我吃，也要叫妈妈给回钱，我都看在眼里……

正是父爱的缺失让儿子提前成长。在家里，任何粗重的活儿，儿子都是跟S抢着做。在外婆家，儿子是孙子辈中的老大，只要回去吃饭，饭后他都以身作则地争着洗碗收拾。

直到有一天，当一个陌生男子站在他家楼下，把电话打到了他妈妈的手机上，为了一个女人，说要与她的老公决一雌雄的时候，儿子终于忍无可忍了！他抢过妈妈的电话，礼貌地对那人说，有什么事情你找某某某解决就好了，不要弄脏我妈妈的耳朵！然后转身冲着他的父亲大吼，你滚到外面去丢人现眼就好了，不要在这里影响我们！

今后，我一定让妈妈以我为荣，我要做妈妈的守护神。望着他坚毅的目光，我沉默了，十几岁的年龄，还是个半大小子，是许多孩子还在爸妈怀里撒娇的年龄，他竟然有这样的想法。所经历的事情，不但没有把他打倒，还这么有自己的主见。

儿子准备高考了，母子俩将生活的重心全都放在了学习上。高考结束那天，儿子自我感觉良好的情绪感染了母亲，母子俩紧绷着的那根弦，如释重负般地松懈了。

那晚，吃完饭后，他们倒头就睡。从头天晚上九点一直睡到第二天中午被友人的电话闹醒。

儿子已开始憧憬未来的校园生活了。老天却跟他们开了一个玩笑，儿子高考的分数与本科擦肩而过！

高考放榜的那天傍晚，S下班回到家，儿子急匆匆地在她狐疑的目光中走出了家门，说是与同学约好去吃饭。房门关上的时候，一个巨大的打击也扑向了她，电脑屏幕上打出的冰冷数字，让她难以自持。

儿子留下了一个空间，她需要把失望和痛苦消化一下，一个以孩子为生活重心的母亲，痛苦适当发泄一下，是不为过的。

他自己就躲在一个酒吧，独自舔伤，他知道母亲对他的付出。

凌晨一点多，待自己的心平静后，他才回到家里，安慰母亲。他一回到家，就给了母亲一个熊抱，说，妈妈，对不起，让您失望了，都是我自己的责任，我努力不够。

母子两人都开始冷静了下来，经过几天的综合考虑，决定还是回校复读。

我打电话给她的儿子，他说，阿姨，都是我的错。说没有打击，不痛苦，那是假的！老天对我的考验也太大一点了吧。但生活还在继续，我会尽快调整好心态，不让妈妈担心的。

阿姨，你放心吧。我能承受！我让他如实地回答了我提出的两个问题，父母离异对你影响大吗？高三你谈恋爱了吗？他说，我早已走出了父母离异的阴影，他们有他们自己的生活，我也祝福他们。我与一些女同学也互有好感，但我不会谈恋爱，因为我还承受不起，不是时候。

孩子懂事得让人心疼。

上帝是公平的。S说，它没有对我关上所有的窗门。人到中年，我能拥有一个不缺钙的儿子和还能得到父母的疼爱，老天待我也不薄。

十年了，S从那段不匹配的失败婚姻中走了出来。她没有像祥林嫂似地逢人哀叹命运对自己的不公。而是努力为自己创造一种高贵、坦荡、真诚、美丽地生活。

为了更好地经营生活，给自己和儿子创造更好的生活环境，她毅然走出体制内的工作，心无旁骛，开创自己的新局面。

几年的历练，S将自己的工作和生活，带入了一个新的境界。有了自己的工作室，在业界小有名气。凭着自己的劳动所得，买房、供儿子读书。

而美好的生活，又成了她努力工作的动力。她游走在夹缝当中，寻求最美好的东西。

人与人之间真正的熟知，是灵魂上的交融。经过灵魂认可的相知相识，是由两个生命的个体，平等、相互尊重所决定的。

我们分别居住在两个不同的城市。一年见不到两面，平时也没有任何电联。

每次见面，没有任何世俗的客套，不沾染物质化。两个人的心却犹如赴一场盛宴地郑重其事，愉悦一直依附着心，直至离开，还泛着涟漪。

淡淡的音乐，美味佳肴，是谈话的背景。坐在环境优雅的餐厅，我们互不设防地倾心交谈，心始终被一种柔和的液体所包裹着，让你体会到 S 的真诚和被尊重。

她说，如果开始就是错的，后面的一切就不能算是正确的。人就是一条脊梁骨搭起的一个框架，然后由各种神经细胞填满的碳水化合物。许多人凭表象就妄加评判定义别人的错误。

她说，你可以不另类，但不能不挺拔。学识、涵养浇灌出来的气质。她不愿做一个女强人女白领，只想做一个知识女性，去帮助与自己有缘的人。

生活与生存最大的区别就在于细致与潦草。与将"皇宫"住成狗窝的人相比，她更注重生活的品质，而不是一般的附庸风雅。

一个女人的品质生活，与勤劳无关，与贤淑无关，与观念有关。社会角色是多层次的，只有你好了，你扮演的角色才会好。

S 的客厅里，长年放着一盘苹果，苹果味安神静气，让人心情多烦躁都慢慢归宁。

她还说，孩子是需要打造的。她善于从生活的点滴，不着痕迹地培养儿子的生活审美情趣。穿着不一定要名牌，但一定要干净整洁舒服。人如果没有追求的欲望，还谈什么品质。她努力创造条件，让孩子飞得更高，不给自己留遗憾。

儿子读大学后，她将家中的财权，交给了儿子，需要用的钱，先向她汇报，做好报表申请，然后自己划账。但每月要做好家里的财务报告，并允许儿子自行调配家里的资金，学会承包。引导儿子凡事，事先要做好预算准备，然后才向下一站出发。

　　我曾经在 QQ 空间写下一些文字《S 和她不缺钙的儿子》，S 儿子说，阿姨，这几年，当我每次遇到困难，觉得熬不下去的时候，我就会潜入您的空间，重温这些文字，汲取力量，调整心态。在困难中找到简单的活法，继续前行。

　　S 从来不在儿子面前说不美好的字眼。母子间也有争执，但从不带人身攻击。因为他们早已达成共识，双方有争执不是坏事，而是为了下一步生活的和谐，让彼此的态度明朗化，而不让自己的非议，伤害身边的亲人。

　　S 儿子无论是读本科还是硕士，是个连校长都记得住的知名人物，成绩好，担任社团领导，更重要的是，他是女生心目中，如假包换的暖男。

　　我曾悄悄问 S 儿子，恋爱了吗？他微微一笑，阿姨，我现在这种年龄，如果说没有喜欢的人或没有人追，那是可悲的，不现实的。但，我能把控得住，因为，我的生活还没有稳定，对自己和对别人都是一种不负责任的表现。这毫无修饰的笑，是一种说不出的美。

　　最欣赏有一种人把自己的缺陷，修练成为一种力量。

请不要随便以
老人和孩子的名义说事

　　那日，在浙江游普陀山，我们的回程船票是 12 点 30 分的，还要在岛上吃午饭。时间很紧迫。

　　我们排队等车下山。虽然仍是蛇形排队的蠕动，比起在上海世博会的排队长龙，这已是小儿科了，但时间摆在那里，还是不免让人心生焦急！

　　将近 11 点 55 分的时候，终于轮到我们上车，我们一行 24 人，刚好塞满一部车。

　　就在我们鱼贯上车时，从斜角里忽然冲出几个人影，快速地登上车。他们气喘吁吁，红润的脸上还淌着几滴汗珠，像是刚刚赶到停车场。

　　这三个人中，一个是装扮时尚的少妇、一个是五十几岁老女人和一个年纪五六岁的小女孩，看样子像祖孙三人。队伍里开始有声音发出，"下车""排队""凭什么插队！"。顿时，后面的人群也跟着嚷了起来，还惊动了车队的领导。

　　在众人的议论声中，那个老人脸上露出一丝疚意，小女孩也低下了头。老人准备带着孩子下车，但那个少妇却坚持不准她们下。在众目睽睽之下，她傲慢地坐在座位上，大有一种我自岿然不动的势态。任谁去劝解都不行。僵持下去不是办法。唉，慢就慢一点吧，我们只能留下三个人坐下一辆车了。

车上车下，人们仍在议论纷纷，"佩服，佩服！""这个女人的脸皮怎就那么厚？"。

下车临走时，那个少妇竟然恬不知耻地对着我们一行人破口大骂，"你们这些人根本没有一点同情心，连老人和小孩都不懂照顾！"

我晕！这哪跟哪了？瞧她那"一脸正义、冠冕堂皇"的模样，大伙愣住了。

居然——！果然。

诚然，老人孩子，妇女儿童，通常都被认为是社会的弱势群体，值得保护的对象。保护他们也是社会公德最起码的认知。但是，竟然是从一个恰恰是没有一点社会公德心的女人的口中吐出，不免让人感到恶心。

排队，守秩序是一个人行为规范的基本要求，必要的时候，老人和孩子甚至是妇女，也是被照顾的对象。但也要视具体的情况而定。那天那个情况，情非特殊，她们完全可以按正常情况去排队，但那个少妇不但不排队，还为自己的不耻行为，用老人和孩子的名义在狡辩着。

殊不知，她在狡辩的同时，却忽视了她自己的孩子，在那个小女孩悄悄低下头的那一瞬，也许她的本心懂得自己母亲的行为是不齿的，或许，已从旁人的反对声中，也意识到母亲这种做法是不对的，虽然她不敢反抗，但母亲的形象在她心里一定会被大打折扣，会给她纯洁的心灵上留下阴影。这个母亲也许没有想到，她的这种行为示范作用，对孩子的成长产生怎样的影响。

须知，父母是孩子最早和最好的老师。父母的言传身教，无时无刻不在影响和熏陶孩子的性格和格局。

唉，请不要随便以老人和孩子的名义，为自己不良的行为辩护。

月亮之上——国旗下的讲话

"亲爱的老师们、家长们、小朋友们，大家早上好。

我是大一班的小雨点，今天站在国旗下讲话我觉得幸福极了。

中秋节的晚上，我看到了圆圆的、大大的月亮，就像挂在天上的一个大盘子，可是嫦娥姐姐和小兔子他们呢，我看了半天也没看到，于是忍不住问了妈妈，妈妈告诉我，其实呀，月亮上都是尘土、岩石和环形山，没有水，没有任何生命，是一片荒漠。宇航员从月亮上带回了一些土，把玉米种在这些土里，玉米种子生根发芽开花结果，和种在地球的土里一模一样，水藻还长得特别鲜嫩青绿呢，但是把细菌撒在这些土上，细菌一下子都死了，好神奇呀，难道这些尘土有杀菌的本领吗？

妈妈还说了好多关于月亮的秘密，有些我都弄不明白。我想，等我长大了，一定要做宇航员，去外星做客，说不定还能交上外星朋友呢！

我今天的讲话就是这些，谢谢大家。"

这是 5 岁的小雨点，在妈妈的帮助下完成的讲话稿。听完 Z 发送过来的录音的时候，我非常有感触！

记得前几天我们还为小雨点的讲话，谋划着，讨论它的切入点。幼儿园每周一都会举行升旗仪式，然后请一个小朋友上台讲话。这是一个很好的爱国主义教育的好时机。让孩子从小耳濡目染爱国情怀。

班里老师之所以选择小雨点代表班上去讲话，是因为她平时喜欢听故事和讲故事，甚至发展到自己编故事，像模像样的。

因为从零岁开始，妈妈都根据她的年龄特点，选择适合她的语音带，播放给她听。

每天从幼儿园回家，一有空她就撅着一个小屁股蹲在录放机旁听故事。因此，在前鼻音后鼻音，翘舌音等语音方面，她把握得比她妈妈还好，字正腔圆的。

Z平时很重视对女儿常识性方面的教育，所以，母女俩会经常在一起探讨关于动物植物天文地理的知识，因此，女儿很容易接受这些方面的新知识。

那天，我们商讨这件事的时候，是从中秋、教师节、国庆这三个元素去考虑的。如何将它们有机地串联起来，是个技术活。而且，我们当时主要还是从政治的角度去考虑。

Z回家后，在征询女儿的意见之后，根据受众是幼儿园小朋友的年龄特点，发挥想象力，口语化地串词。再根据她们母女探讨了解过的关于月球的知识，以中秋为基点，通过宇航员探索月亮的秘密，从趣味性、科学性、爱国情怀等方面结合起来，让孩子们在生动有趣的故事中，增长见识，增强对祖国的自豪感。

Z真是一个尽职的好妈妈。

关于家长义工

一阵滂沱大雨之后，微信里迅速流传着这样一个画面，雨天，放学，一个穿着雨披的男人，正站在路中央指挥来往的车辆。文字说明是，东莞中心小学校长冒雨指挥车辆。

但记者采访时，校长谦虚地说，你有没有看到这张照片的画像里的另几个人？他们是我们学校的家长义工，他们更值得你们宣传。

"家长义工"？第一次听到"家长义工"这个词，是从凤岗油甘埔学校毛秀蓉校长的嘴里，觉得很新奇，今天再次听到，心里仍然会有一种怦然心动的感觉。

一次机缘，当我走进凤岗时，就被"家长义工"凤岗模式的创始人毛秀蓉关于家长义工的一番话，深深吸引了。

义工这个词，是改革开放后才逐渐耳熟能详的，近年听到最多的是指志愿者。

所谓义工，就是义务从事公益性工作的人。是公众参与社会活动非常重要的方式，是公民社会和公民社会组织的精髓。具有"志愿精神"的人或团体，不计报酬，不为名利、自愿参与促进社会进步、完善社区工作，推动人类发展的各项活动。

家长义工，简单地说，就是指专门行走在学校里，为家长和学生做奉献的人。

我曾当过教师也当过家长。对家长义工这个词，特别感兴趣。因为当年，我也曾经思考过一个有异曲同工之妙的问题，即如何在教师与家长中架设一道桥梁，更好地为孩子服务。

在我曾经十几年的教学生涯中，我最反感的一句话，就是开家长会时，一些家长一脸恭敬地对你说，老师，我的孩子全靠你了！

凭什么你孩子的教育，就全靠我了？

诚然，一位教师确实要为全班的几十位同学负责。当年，一个班60多人，甚至70多人，都是常事。再加上繁重的教学升学率、及格率和优秀率等，压得教师本身就喘不过气来。

所以，许多时候，班主任除了对班里成绩最好那几个和最捣蛋的那几个关注度较高外，对大多数中间段的学生，比较容易忽略，只起到一个维持会长的作用。

因此，后来我自己当了家长以后，深明此道，为了引起老师对自己孩子的关注，家长会时，我都会有针对性地提问，以引起老师对我孩子的关注。

校长是一所学校的灵魂。校长的思想高度，也决定了一所学校的发展高度。

当年，毛秀蓉校长新官上任伊始，三把火还未点起，迎面就碰到了一连串的棘手问题，学校双差生多，原因是家长离异、不和或家庭溺爱，父母不在身边，疏于管教等等。一位教师因为放学后留堂补课而被家长痛打，还有就是一个学生偷了母亲100元，被父亲吊着打至重伤。

她陷入思考，我们究竟需要怎么样的教育？

从纷乱的学校关系中，她抓住了三个关键性的问题，一是学校与家庭关系持续恶化；二是家长的教子观念能否改变？三是家长学校如何才能不再形同虚设？

于是，她就进行大胆创新改革，设置专门的办公室，成立家长委员会，制定家长义工的章程，成立各兴趣小组，家长义工队采取开放的模式，但必须举行宣誓仪式，自愿而无偿地尽身体、经济、技能等能力，为孩子创造一个安全、健康和美好的成长空间。此外，义工队伍还设计了一种能推动活动持续开展的动力机制。

一花独秀不是春。独特的模式复制，发生了"化学反应"。截至2012年底，凤冈镇各小学都成立了家长义工队，仅500多名学生的油甘埔小学，家长义工就达到 368 人。

自 2006 年以来，凤岗油甘埔学校，尝试着家庭与学校教育结合，让家长参与教育，充分参与到学校的管理中来，更好地促进学生的健康发展。家长根据各自的爱好和特长，利用业余时间，自愿帮助学校开展书法、音乐、舞蹈、跆拳道等各类课程，有的家长还自愿当起学校义务安全检查员、清洁工。

从"甩手掌柜"到义工，是个了不起的创举。目前，他们的家长义工队伍已超过 1200 人。其中民办小学达 500 人，占家长义工总人数的 42%，在校内形成了一道独特亮丽的风景线，家长的教子综合能力也逐年提高。

辛勤的努力终于换来丰硕的成果。

2012 年 4 月，凤岗"家庭义工参与学校管理实践及研究"被列为中国教育学会家庭教育专业委员会"十二五"重点科研课题，2014 年已结题。

2013 年 12 月 22 日，毛秀蓉以一个乡村小学校长的身份，在北京参加中国家庭教育专业委员会高峰论坛，并做了《凤岗家长义工的模式的探索》的发言，让在座的家庭教育专家惊叹不已。

此外，由凤岗编辑的《家长义工》《家长义工的灵魂》的出版，填补了国家这类书籍的空白。

《家长义工》是一本国内公开出版的同类唯一书籍，从创建、制度、章程、计划、活动、总结，系统地介绍了家长义工的运作模式，对全国各地家长义工的建立和发展有着非常实用的指导作用。

《家长义工的灵魂》则使用一个个鲜活的实例，诠释家长义工的真正内涵，同时，填补了国内家长义工机制的空白。

家长义工的意义，在于重组校内外资源，把家长义工引导到学校教育中，构建一个教师、家长共同参与，学校、家庭和社会形成合力并共同发挥作用的开放、立体的大教育环境，把家长和其他有识之士纳入学校合作伙伴范围之内，合理利用家长资源，整合社会力量，尝试开放的办学格局，收到了良好的办学效益。

这实在是一个了不起的创举。

凤岗油甘埔学校的这种经验，非常好。但某些形式，也许在人口相对集中的乡镇，可能容易复制，若在大城市里，也许很难做到简单、全面的复制，而组织和重视家长义工，无论哪个环境的教育层面，都是值得提倡的。

譬如，城里的学校，城里的孩子与一些乡镇的相比，总体上视野开阔得多，条件优越。家长的素质虽有参差，但整体较高。文化结构多样，分布于社会的各个层面。因此，许多父母因为工作的性质，无法在法定的工作时间内，具体参与到孩子们的日常学习中，但也对孩子倾注了更多的教育。

尤其是 70 后之后的家长年龄段。他们成长在改革开放后，在正常系统的环境中生长，且他们自己及孩子，相当一部分人都是独生子女，家里的经济足以支撑他们提供给孩子更理想的生活。节假日全身心或者愿意花更多的时间陪伴孩子，给孩子上各种培训培优班，培训机构。

虽说，"钱能解决的事都不是事"，但一个人的性格，除了天赋秉性，与后天环境的熏陶、铸就，是分不开的。有时与家长的时间和金钱的投入，是不成正比的。教者与学者之间毕竟隔着冰冷的金钱关系，教育的作用，只开启了智，缺少爱的温度，更多的是体现在功利之上，而难于真正渗入人之骨髓，缺少了爱的教育，总让人感到欠缺些什么。

父母都是新手上路，哪怕你再有文化，如果不懂教育规律，教育方法不得当，也无济于事。许多家长仅限于陪孩子，很少教孩子认知这个世界，家长有限的认知，或会成为阻碍自己教育孩子的障碍。

从孩子孕育开始，父母对孩子的影响就开始存在。有时候，父母的观念直接影响到孩子的格局。每个人都是父母的实验田，父母有什么样的理念，孩子就会朝哪方面生长。

每个人的性格形成都可追忆到他的童年经历。不同年龄段的孩子有不同年龄段的特点，孩子的成长只有一次，难再重来。也许，大多数家长都愿意陪孩子一同成长，但等我们摸索出经验时，孩子已长大定性了。只能在经年过后，生出无限的怅然和遗憾。

孩子的成长需要疼痛感，挫折感，但前提是家庭和睦。成长中关键的几年或几个转折点，铸造了孩子一生的性格。

家庭环境具有超强气场，教育是个漫长而复杂的工程。对孩子的成长浸润着无声的影响，许多时候，语言功能在它面前，都显得苍白无力！

只有让家长真正意识到它的重要性，才能配合学校承担自己更多的义务。另一方面，家长到学校做义工，让孩子从小受到服务社会、贡献社会是每个公民的义务和责任这种价值观的影响，利于孩子的成长。如何利用好家长的资源，是每个学校因该研究的必备课题。

教育也是一个庞大而系统的工程。教和育是两个不同的概念，当教不动育不全，家长围于自身的困境而无法破茧而出时，就必须借力助力；需要高智之人的引领、组织和归类。播种善良，形成习惯、培养兴趣。即对自己的孩子进行合理界定，合并同类项，寻求兴趣相同相似之人，帮助自己提升认知。

教育又分有形和无形。有形是指学校社会家长的教化作用，无形是指周围环境对自己的语言、行为之感染。其中，尤以父母的言传身教为首位。所以孩子的成长过程中，父母的育儿理念决定了孩子将来性格的定型及思维走势。

凤岗模式彰显了社会的进步。但是，我们还可以因时因地寻求最佳的方式，而家长与孩子之间的牵线人，就是学校。

所以说，学校、家长和社会，是教育在任何时代都绕不过的一个命题。社会大环境直接折射出教育的进程，家教体现了父母的观念和素质。教者，引导、教化和传授知识，教是职责。良好的人际关系，是孩子愿意更好地接受教育的前提。

在应试教育的体制下，如何在教育中贯彻更人性化的东西，凭我们的一己之力是改变不了大环境的。

每个为人父母者，都以自己对这个社会、这个角色的认知，来教育和抚养自己的孩子，做自己认为正确的事，有时候在自己狭隘的眼光中难免给自己孩子的教育及个性的塑造上留下遗憾。

因此，我们只能借力助力，借助一些平台，如家长微信圈、家长学校、家长义工等，形成一种制度和氛围。才能让孩子的性格在定型的过程中形成良性的循环。譬如，学校成立家长义工互助组之类的，根据不同年龄段的学生，每年从各班级中选出一些优秀的家长，为他们建档立册，找出该年龄段容易遇到的共性的问题，将家长们好的经验总结出来，好好利用这些资源，不定期地组织线上线下交流会，为不同年龄段的家长解惑答疑。因为，一个用心的家长，好不容易经过自己的摸索，取得了一点好经验。一眨眼，孩子又长大了，这类家长不免言犹未尽，学校何不利用这种宝贵的资源，循环使用呢？

教育不分国界，不分人种，不分民族。借鉴国外的先进经验。譬如，欧美、日本和我国台湾地区，家长主要通过专门的家长教师协会这一政府承认的专门学校合作机构开展工作。主要任务是：在学校、社会以及任何政府机构和其他组织做出影响儿童的决定上，支持并为儿童代言，帮助家长掌握养育和保育儿童的技能，鼓励家长和公众参与公立学校的教育，做好家长和社会之间的沟通工作。在英国有家长咨询委员会，法国有"家长和学校之间的协调人制度"等。个人觉得"帮助家长掌握养育和保育儿童的技能"尤为重要。

苏联霍姆林斯基说，"教育的效果取决于学校和家庭的教育影响的一致性。"在全社会形成一种机制。家长与孩子之间，家长与老师之间，老师与学生之间，都存在沟通问题。

如何利用好"家长义工"这个群体，并使之成为规范化、常态化的制度，

让更多的家长学会如何正确地去爱孩子，掌握教育的规律，是教育界应该、必须重视的问题。

哥哥把妹妹推上了山顶

　　大侄女生了一对龙凤胎。今年9岁，哥哥叫轩轩，妹妹叫涵涵。哥哥憨厚，妹妹泼辣。

　　虽是一对双胞胎，但两人有时对待同一件事的做法，就完全相反。譬如，低年级的时候，在对待帮老师擦黑板一事上，俩人的反应就有差别。哥哥喜欢为老师和同学做事，甚至还叫母亲去跟老师请求，让他下课去擦黑板，如果老师哪一天忘了叫他做，他就会念叨，老师今天为什么不叫我去擦黑板呢？而妹妹则会说，我很累，才不去呢。瞧这对小兄妹。

　　平时妹妹总欺负哥哥，但是，如果有人想欺负哥哥，妹妹就会用她那"我可是学过跆拳道的"三脚猫功夫，去威胁欺负哥哥的人。

　　侄女小两口的工作，平时都很忙，但只要有时间，就不惜钱、不惜力地全程陪同小兄妹，参加游泳、唱歌、跳舞、学钢琴，或者参加各种生活体验的夏令营、冬令营活动。

　　每年，他们都将有限的年假，积攒起来，带小兄妹云游祖国的大好河山，以增长孩子们见识。

　　今年寒假，他们一家4口到东北三省转了一圈。在黑龙江，他们完成了从雪谷到雪乡的穿越！那两天都下雪，雪谷佳欣老板们和从雪乡穿越到雪谷的广州团人都纷纷劝说他们，别穿越，孩子太小，不合适，山路太陡且结冰。稍作纠结后，不顾大家的阻劝，他们毅然坐上马拉犁去山口，开始在雪天徒步翻越 10.8 公里的羊草山。

9 点出发，傍晚 5 点到雪谷，中途他们每人只吃了一个杯面，爬了 7 个小时，终于兴致勃勃到达目的地，小兄妹表现得非常棒，非常顽强，连爬带滚在山地的冰地上走，还玩得很开心，连说真好玩。

这番磨炼，让小兄妹深深地体会到了当年红军万里长征的艰辛。孩子们的坚强，也超出大人的预想，到雪谷后，反而更听话懂事有礼貌了，还生龙活虎的。

净月潭，是长春两个 5A 景区之一，是国家重点风景名胜区。

那天，他们到时天色已暗，园内游人不多，银装素裹，景色非常漂亮。

为了观赏到已结冰的净月潭，他们一家 4 口，决定抄近路，从一个小山坡上踩着冰雪翻山，只要爬上去就可看到净月潭。

为了争取时间，侄女小两口不顾一切地往上攀，哥哥也紧追父母，只剩下妹妹，在后面边爬边滑。

天色更晚了，环视陌生、白皑皑的四周，父母与哥哥又越走越远，有一种恐惧感在妹妹的心中逐渐升腾，她急得又喊又叫。侄女两口子看着即将到达的山顶，也觉得现在折下去很危险，于是，继续前行，还一边爬一边安慰女儿，叫她在山下慢慢爬或站在原地等一下。

也许觉得自己被家人"抛弃"了，小姑娘害怕得大哭起来。这时已快登顶的小哥哥一声不吭，突然义无反顾地坐在地上滑下了山，再陪妹妹慢慢往上爬，一边爬还一边推，不断鼓励她，终于连推带拽，将妹妹推上了山顶。哥哥的举动，让孩子的父母霎时愣在了那里，甚至忘了应有的行动，只是看着小兄妹一步一步地往上爬。

山顶上，一家人紧紧地拥抱在一起，父母亲为自己的行为感到羞愧，对女儿深表歉意，更为儿子的勇敢和重情重义而感到骄傲！

从那以后，妹妹对哥哥不再直呼其名，改叫哥哥了。

小妞恬恬

小妞恬恬是二哥家的小外孙，当年可是提前一个月从妈妈的肚子里抢闸出来过新年，兜利是的。

恬恬两岁半，一双水灵灵的大眼睛，古灵精怪，挺可爱。长得有点像当年的林妙可。是个人见人爱，花见花开的美小妞。

家里属她最小，所以常常是一堆大人围着她一个人团团转，她似乎也知道自己是一个"抢手货"，充分发挥其优越性，喜欢在大家跟前卖萌。尤与姑公关系最佳，叫姑公是"老贫（朋）友"。

每次一到姑公家，只要一见到姑公，就像久别重逢的老朋友，飞扑过去，如果第一个见到的是其他人，她就静静地站在那里像个小淑女一样，微微一笑，羞答答的。

见到姑公，便是三部曲，逛小店买东西、坐摇摇；到池塘边玩水、捞鱼虾；去儿童乐园滑滑梯、荡秋千。不喜欢与比自己小的孩子玩，喜欢小帅哥。

在家里，经常因为跟外公抢电视和食物而争吵，所以外婆说他俩是狗咬狗，一嘴毛。我们经常逗她，你跟外公怎样啊，她就说，狗咬狗。

看到我们一群大人都在宠爱她，小妞她娘就跟我们来个"明文规定"，她教育小妞的时候，我们一定要配合。这点我们非常理解，每个母亲对于如何教育自己的孩子，都有自己的理念。其他人是一定要积极配合的。

有一次，小妞做错了事，妞她娘在教训她，结果，她虚心承认错误，还不忘为自己找了一个陪衬，她诚恳地说，我错了，公公也错了，我们都错了，对不起。

妞她娘差点没忍住把自己的晚饭吐出来，批评她，你自己错了就错了，关公公什么事？她扫了一眼周围，发现没人可依托，看一眼身后的厕所，马上低着头改口说，我错了，厕所也错了！这下，妞她娘连隔夜饭都留不住了，终于破功。

有一次，我们在二哥家打牌。小妞又犯错了，被妞她娘罚站。她被罚站的位置，跟我们当时所处的方位，是同一个方向，我们相互间都看不见对方。

因为事前已被妞她娘警示过，不准同情她。所以我们大家都不望她，却个个在暗暗偷着笑。她偷偷瞄了我们一眼，发现没有人理她，以为我们都不知道，于是，自己将自己调整到对面，泪眼蒙眬地瞟着我们。发现还是没人理睬，干脆直接点名，"姑公，来，陪我罚站"。

我们笑尿了。

我不知道我错在哪里

"错没有？""错了！""错在哪里？""我不知道我错在哪里？"哈哈哈，哈哈哈！笑死我了！这是同学国玲来我家做客，我教训儿子时，看到的情形。

那年儿子才5岁。同学国玲一家来做客，他与国玲的女儿丹丹在一起玩耍时，两人为了一个玩具争执起来，他不让妹妹，国玲对女儿说，让哥哥吧，丹丹玄然欲滴地说，是哥哥自己来抢我的，为什么要我让他？看到小姑娘的委屈样，我就批评儿子，问他错了没有，他就是不说，我就打了他，说不喜欢他了，他又哭起来了。我再问他，他就做出以上的回答，弄得国玲捧腹大笑。

过后，我反思了自己的做法，太简单粗暴了！孩子做错了事，父母要教育孩子，不仅要让孩子知错，还要让孩子知道错在哪里。否则，不如不教。

后来，每次教训完儿子，我都会在他的情绪平息后，再慢慢跟他讲，他刚才错在哪里，为什么。

"错没有？""我错了。"""错在哪里？""不知错在哪里？"这种戏码，可能在许多家庭里都有上演过。

当孩子不小心犯错时，父母常常会简单地训斥一下，就硬逼孩子承认错误。孩子因惧怕父母不爱自己或不要自己，或迫于父母的淫威，就会违心承认自己犯错了。但事实上，许多时候，孩子自己根本不知道自己错在哪里？

但家长因为孩子承认了错误，维护了自己作为父母的威信，事情就过去了。

然后，下次又循环反复了。这种简单的教育，如果经常上演，孩子在无形中"铭记"，等他们长大后，就会延续父母的做法和口吻，教育自己的下一代。

最根本的一点就是，孩子没有真正意识到问题的所在，出现问题，喜欢将过错推到对方身上，而不是从自己身上找原因。

还有就是，这种戏码出现的次数多了，父母的形象容易在孩子的心里大打折扣。

人之初，不管是性本善，还是性本恶，后天的教育都是必不可少的。

Z带女儿坐公交车，一个好心人给她俩让座，上上下下之后，她们一人坐在一个位置。这时，又有另一个带孩子的母亲上来了，Z叫女儿给那孩子让个位置，自己抱着她，谁知女儿看了那孩子一眼就是不动，Z自己让座了。车停在小区门口，下车后Z不理孩子，就往家走，女儿在后面紧追。

回到家后，Z闷头做饭，就是不理女儿。后来女儿实在受不了妈妈对她的不理不睬，就主动说，妈妈我错了。Z问她，错在哪里？她说，没让座。为什么没让座就错了。女儿说，不知道。这时，Z也先检讨了妈妈不理你是不对的，然后才告诉她，为什么这样做的原因。其实Z只是想通过让座这样的小事，在女儿幼小的心灵播种善良。

细节是最容易看出一个人的品质和性格的。

一个母亲将自己教育女儿的视频发到网上，我不知道究竟是想表现她教子有方啊，还是想炫耀女儿的伶牙俐齿。视频里的内容，主要是说，家里准备吃饭了，母亲叫女儿关电视机吃饭，小女孩迟迟不肯关电视，于是，母亲就不准她吃饭。小女孩伶牙俐齿的，母亲说一句，她就顶一句，还说要报警，投诉母亲虐待孩子，母亲就反复叫她承认错误，说她不乖，不懂尊老爱幼，不是妈妈的好孩子。小女孩还犟嘴说，你也有错，你打我，一直不停地骂我，很难听。

诚然，孩子顶撞母亲是不对，但母亲教育孩子也没有抓住重点，只一味地叫孩子认错，却没有意识到，首先错的就是她自己，如果她也向孩子承认她自己的错，孩子哪怕是错了，也会因母亲的态度而软下来，承认自己的错。

一个连自己都不知道自己错在哪的家长，如何能教育好自己的孩子？

后记

　　《妈妈私语》在我反反复复的犹豫中终于脱稿了。之所以说犹豫，是觉得也许每个孩子在自己的母亲心里，都是独一无二的，孩子的一颦一笑，都能给母亲带来由衷的欢愉，每个家庭，每天都在演绎不同的故事。但这些在自己家中看似珍贵的故事，到了别人的眼中，也许却是再平常不过的事。天才的孩子，毕竟是凤毛麟角的，大多数都是普通平凡的孩子，我儿子也是其中的一员，很平凡，似乎也没什么东西值得叙说。

　　再就是，我曾经一度认为自己是一个合格的母亲，也为自己与儿子融洽的关系而感到自豪。这种良好的感觉，却被与儿子的一次闲聊打破了。记得是儿子读大学后，有一次晚饭后，与儿子在小区散步，不知怎样我们就把话题转到了关于孩子教育的内容。儿子说，其实，妈妈你对我的教育也有很多失误。我愣住了，在儿子娓娓道来的分析中，我突然意识到，因为我的某些失误，曾令儿子幼小的心灵受到伤害，这对儿子早期的性格形成，有着至关重要的影响，好在儿子学会自舔疗伤。我开始反思自己了。

　　于是，我会经常回忆儿子成长的得与失，并写成小的故事。希望有朝一日能出一本书，作为送给儿子的礼物，也对他的成长来一个阶段性的小结。

　　但写了有没有价值，会不会有人看，从什么角度写等，我一直在犹犹豫豫。

为人父母者，都是新手上路，都没有经过培训，就无证上岗了。父母都喜欢按自己对父母这个角色的认知程度而哺育自己的孩子。也很容易忽略不同年龄段孩子的真正需要，而错过最佳的教育时机。孩子长大后，再回首，只能嘘唏。

那天，与儿子在絮絮叨叨中聊着琐事，我说，我现在有时喜欢自己一人独处，不知会不会是老年痴呆症的开始？儿子笑笑说，你还有那么多的"怨"，痴呆不了。我突然顿悟，作为独生子女一代的母亲，自己对儿女曾倾注了全情，等儿女长大后，如何来一次父母与儿女之间的得体告别，如何剥离那份与儿女之间交缠在一起的情感，也是一个考验。

于是，下定决心，写一写儿子成长中的得与失，以铭记自己作为母亲这个角色的心得和体验，希望来一次潇洒的转身，去寻找自己更有意义的生活，不枉此生。

本书的写作过程中，曾得到了东莞作家协会主席詹谷丰、老朋友曾明了、邹萍两位作家的支持和鼓励、东莞潇湘文化传播有限公司总经理罗建云的及时帮助和鼓励。为此，深表谢意。

张淑玲

2016 年 10 月 20 日